Trabajo Social Español: Tesis y Publicaciones Internacionales

I0449509

Mª Angeles Martínez Sanchez

Granada, Junio de 2013

Prólogo

Este libro presenta un estudio de la investigación académica desarrollada en España en el área de Trabajo Social centrándonos en las tesis defendidas en el área y en las publicaciones internacionales realizadas de acuerdo al Web of Science.

Índice

1. Introducción

El Trabajo Social se define según la Federación Internacional de Trabajadores Sociales y la Asociación Internacional de Escuelas de Trabajo Social (IASSW) como la profesión *"que promueve el cambio social, la resolución de problemas en la relaciones humanas, y el fortalecimiento y la liberación del pueblo, para incrementar el bienestar. Mediante la utilización de teorías sobre comportamiento humano y los sistemas sociales, el trabajo social interviene en los puntos en los que las personas interactúan con su entorno. Los principios de los Derechos Humanos y la Justicia Social son fundamentales para el Trabajo Social"* [1, 2].

El área de Trabajo Social es un área incipiente y relativamente joven en el ámbito de la investigación, tanto a nivel nacional como internacional [3, 4, 5]. Para que un área de investigación crezca y se consolide los miembros de su comunidad deben de conocer cuales son las pautas y cauces tradicionales de transmisión de la producción científica, así como los principales estándares internacionales que se usan en otras áreas de investigación.

En este libro nos centramos en analizar cuál es la situación actual de la investigación académica española en el área de Trabajo Social de acuerdo a los estándares internacionales existentes. En particular estudiamos las tesis doctorales que se han defendido en el área de acuerdo a la base de datos Teseo, así como la producción científica española publicada en revistas internacionales indexadas en la base de datos bibliográfica de referencia Journal Citation Reports de Social Sciences.

2 Publicaciones Internacionales Españolas en Trabajo Social

En esta sección descubrimos la producción científica española en revistas internacionales indexadas en la categoría científica "Social Work" del JCR. Para ello buscamos en el Web of Science todos los trabajos de revista en los que ha participado como mínimo un autor español. Por cada artículo internacional se muestra información descriptiva como el Titulo, los Autores, Revista, Número, Páginas y Año de Publicación.

A continuación mostramos las 158 publicaciones en revistas JCR que hemos encontrado:

1. **Titulo:** The subjective well-being of Spanish adolescents: Variations according to different living arrangements
    Autores: Dinisman, T (Dinisman, Tamar); Montserrat, C (Montserrat, Carme); Casas, F (Casas, Ferran)
    Revista: CHILDREN AND YOUTH SERVICES REVIEW **Volumen:** 34 **Ejemplar:** 12 **Paginas:** 2374-2380
    DOI: 10.1016/j.childyouth.2012.09.005 **Publicado:** DEC 2012
    Accession Number: WOS:000311471400016
    ISSN: 0190-7409

2. **Titulo:** Influence of form and timing of social support on parental outcomes of a child-maltreatment prev program
    Autores: Byrne, S (Byrne, Sonia); Rodrigo, MJ (Jose Rodrigo, Maria); Martin, JC (Carlos Martin, Juan)
    Revista: CHILDREN AND YOUTH SERVICES REVIEW **Volumen:** 34 **Ejemplar:** 12 **Paginas:** 2495-2503
    DOI: 10.1016/j.childyouth.2012.09.016 **Publicado:** DEC 2012
    Accession Number: WOS:000311471400030
    ISSN: 0190-7409

3. **Titulo:** PERCEIVED NEIGHBORHOOD VIOLENCE, PARENTING STYLES, AND DEVELOPMENTAL OUTCOMES AMONG SPANISH ADOLESCENTS
    Autores: Gracia, E (Gracia, Enrique); Fuentes, MC (Fuentes, Maria C.); Garcia, F (Garcia, Fernando); Lila, M (Lila, Marisol)
    Revista: JOURNAL OF COMMUNITY PSYCHOLOGY **Volumen:** 40 **Ejemplar:** 8 **Paginas:** 1004-1021 DOI: 10.1002/jcop.21512 **Publicado:** NOV 2012
    Accession Number: WOS:000309755200008
    ISSN: 0090-4392

4. **Titulo:** Vulnerable population and health status in a neighbourhood in Zaragoza (Spain)
   Autores: Aguilar-Palacio, I (Aguilar-Palacio, I.); Gil-Lacruz, M (Gil-Lacruz, M.); Gil-Lacruz, AI (Gil-Lacruz, A. I.)
   Revista: HEALTH & SOCIAL CARE IN THE COMMUNITY **Volumen:** 20 **Ejemplar:** 6 **Paginas:** 62!
   DOI: 10.1111/j.1365-2524.2012.01078.x **Publicado:** NOV 2012
   Accession Number: WOS:000309236700007
   ISSN: 0966-0410

5. **Titulo:** The Perception Adolescents in Kinship Foster Care Have of their Own Needs
   Autores: Mateos, A (Mateos, Ainoa); Balsells, MA (Angels Balsells, M.); Molina, MC (Cruz Moli
   Pelaez, N (Fuentes-Pelaez, Nuria)
   Revista: REVISTA DE CERCETARE SI INTERVENTIE SOCIALA **Volumen:** 38 **Paginas:** 25-41
   Publicado: SEP 2012
   Accession Number: WOS:000310404500002
   ISSN: 1583-3410

6. **Titulo:** Assessing Good Intercultural Practices
   Autores: Vazquez-Aguado, O (Vazquez-Aguado, Octavio); Fernandez-Borrero, MA (Fernandez-
   A.); Fernandez-Santiago, M (Fernandez-Santiago, Miriam)
   Revista: REVISTA DE CERCETARE SI INTERVENTIE SOCIALA **Volumen:** 38 **Paginas:** 71-90
   Publicado: SEP 2012
   Accession Number: WOS:000310404500005
   ISSN: 1583-3410

7. **Titulo:** Mediation among young immigrants in the juvenile penal justice system
   Autores: del Campo, J (del Campo, Jaume); Vila, R (Vila, Ruth); Marti, J (Marti, Jaume); Vinuesa
   MR (Rosa Vinuesa, M.)
   Revista: JOURNAL OF SOCIAL WORK **Volumen:** 12 **Ejemplar:** 5 **Paginas:** 491-509 **DOI:**
   10.1177/1468017310393056 **Publicado:** SEP 2012
   Accession Number: WOS:000308328100003
   ISSN: 1468-0173

8. **Titulo:** Effectiveness of antibullying school programmes: A systematic review by evidence leve
   Autores: Barbero, JAJ (Jimenez Barbero, Jose Antonio); Hernandez, JAR (Ruiz Hernandez, Jose
   (Llor Esteban, Bartolome); Garcia, MP (Perez Garcia, Maria)
   Revista: CHILDREN AND YOUTH SERVICES REVIEW **Volumen:** 34 **Ejemplar:** 9 **Paginas:** 1646-16
   10.1016/j.childyouth.2012.04.025 **Publicado:** SEP 2012
   Accession Number: WOS:000307615700009
   ISSN: 0190-7409

9. **Titulo:** Pragmatic-communicative intervention strategies for victims of child abuse
   Autores: Manso, JMM (Moreno Manso, Juan Manuel); Sanchez, MEGB (Garcia-Baamonde San
   Ma Elena); Alonso, MB (Blazquez Alonso, Macarena); Romero, JMP (Pozueco Romero, Jose Ma
   Revista: CHILDREN AND YOUTH SERVICES REVIEW **Volumen:** 34 **Ejemplar:** 9 **Paginas:** 1729-1
   DOI: 10.1016/j.childyouth.2012.05.003 **Publicado:** SEP 2012
   Accession Number: WOS:000307615700018
   ISSN: 0190-7409

10. **Titulo:** Comparing ADHD symptom levels in children adopted from Eastern Europe and from
    other regions: Discussing possible factors involved
    Autores: Abrines, N (Abrines, Neus); Barcons, N (Barcons, Natalia); Brun, C (Brun, Carme); Mar
    D (Marre, Diana); Sartini, C (Sartini, Claudio); Fumado, V (Fumado, Victoria)

Revista: CHILDREN AND YOUTH SERVICES REVIEW Volumen: 34 Ejemplar: 9 Paginas: 1903-1908
DOI: 10.1016/j.childyouth.2012.05.025 Publicado: SEP 2012
Accession Number: WOS:000307615700040
ISSN: 0190-7409

11. **Titulo:** TYPES OF SOCIAL SUPPORT PROVIDED BY PARENTS, TEACHERS, AND CLASSMATES DURING ADOLE
    Autores: Hombrados-Mendieta, MI (Isabel Hombrados-Mendieta, Ma); Gomez-Jacinto,
    L (Gomez-Jacinto, Luis); Dominguez-Fuentes, JM (Manuel Dominguez-Fuentes, Juan); Garcia-Leiva,
    P (Garcia-Leiva, Patricia); Castro-Trave, M (Castro-Trave, Margarita)
    Revista: JOURNAL OF COMMUNITY PSYCHOLOGY **Volumen:** 40 **Ejemplar:** 6 **Paginas:** 645-664
    DOI: 10.1002/jcop.20523 **Publicado:** AUG 2012
    Accession Number: WOS:000306312900002
    ISSN: 0090-4392

12. **Titulo:** Stress in adoptive parents of adolescents
    Autores: Sanchez-Sandoval, Y (Sanchez-Sandoval, Yolanda); Palacios, J (Palacios, Jesus)
    Revista: CHILDREN AND YOUTH SERVICES REVIEW **Volumen:** 34 **Ejemplar:** 7 **Paginas:** 1283-1289 DOI:
    10.1016/j.childyouth.2012.03.002 **Publicado:** JUL 2012
    Accession Number: WOS:000305368800011
    ISSN: 0190-7409

13. **Titulo:** Social relationships in children from intercountry adoption
    Autores: Barcons, N (Barcons, Natalia); Abrines, N (Abrines, Neus); Brun, C (Brun, Carme); Sartini,
    C (Sartini, Claudio); Fumado, V (Fumado, Victoria); Marre, D (Marre, Diana)
    Revista: CHILDREN AND YOUTH SERVICES REVIEW **Volumen:** 34 **Ejemplar:** 5 **Paginas:** 955-961
    DOI: 10.1016/j.childyouth.2012.01.028 **Publicado:** MAY 2012
    Accession Number: WOS:000302971700012
    ISSN: 0190-7409

14. **Titulo:** Socialization process and social support networks of out-of-care youngsters
    Autores: Sala-Roca, J (Sala-Roca, Josefina); Biarnes, AV (Villalba Biarnes, Andreu); Garcia,
    MJ (Jariot Garcia, Merce); Sabates, LA (Arnau Sabates, Laura)
    Revista: CHILDREN AND YOUTH SERVICES REVIEW **Volumen:** 34 **Ejemplar:** 5 **Paginas:** 1015-1023
    DOI: 10.1016/j.childyouth.2012.02.002 **Publicado:** MAY 2012
    Accession Number: WOS:000302971700019
    ISSN: 0190-7409

15. **Titulo:** Teacher assessment of behavior problems in foster care children
    Autores: Bernedo, IM (Bernedo, Isabel M.); Salas, MD (Salas, Maria D.); Garcia-Martin,
    MA (Garcia-Martin, Miguel A.); Fuentes, MJ (Fuentes, Maria J.)
    Revista: CHILDREN AND YOUTH SERVICES REVIEW **Volumen:** 34 **Ejemplar:** 4 **Paginas:** 615-621
    DOI: 10.1016/j.childyouth.2011.12.003 **Publicado:** APR 2012
    Accession Number: WOS:000301912600003
    ISSN: 0190-7409

16. **Titulo:** Improving accuracy and consistency in child maltreatment severity assessment in child
    protection services in Spain: New set of criteria to help caseworkers in substantiation decisions
    Autores: Arruabarrena, I (Arruabarrena, Ignacia); De Paul, J (De Paul, Joaquin)
    Revista: CHILDREN AND YOUTH SERVICES REVIEW **Volumen:** 34 **Ejemplar:** 4 **Paginas:** 666-674
    DOI: 10.1016/j.childyouth.2011.12.011 **Publicado:** APR 2012
    Accession Number: WOS:000301912600010
    ISSN: 0190-7409

17. **Titulo:** A Case Study of Liberation Among Latino Immigrant Families Who Have Children with Disabilities
Autores: Balcazar, FE (Balcazar, Fabricio E.); Suarez-Balcazar, Y (Suarez-Balcazar, Yolanda); Adames, SB (Adames, Sandra Bibiana); Keys, CB (Keys, Christopher B.); Garcia-Ramirez, M (Garcia-Ramirez, Manuel); Paloma, V (Paloma, Virginia)
Revista: AMERICAN JOURNAL OF COMMUNITY PSYCHOLOGY Volumen: 49 Ejemplar: 1-2 Paginas: 283-293
DOI: 10.1007/s10464-011-9447-9 Publicado: MAR 2012
Accession Number: WOS:000300280200021
ISSN: 0091-0562

18. **Titulo:** The Diversity of Social Pedagogy in Europe
Autores: Ucar, X (Ucar, Xavier)
Revista: EUROPEAN JOURNAL OF SOCIAL WORK **Volumen:** 15 **Ejemplar:** 5 **Paginas:** 734-736
10.1080/13691457.2012.750501 **Publicado:** 2012
Accession Number: WOS:000312185000010
ISSN: 1369-1457

19. **Title:** Respecting rights
Author(s): Briskman, L (Briskman, Linda); Peman, MJU (Uriz Peman, Maria Jesus); Harrington, D (H Ng, SM (Ng, Siu-Man); Frankel, T (Frankel, Titti); Blennberger, E (Blennberger, Erik); Lindemann, H Nguyen, TTL (Nguyen Thi Thai Lan); Hugman, R (Hugman, Richard); Visvesvaran, PK (Visvesvaran, P (Bowles, Wendy); Alston, M (Alston, Margaret)
Editor(s): Banks S; Nohr K
Source: PRACTISING SOCIAL WORK ETHICS AROUND THE WORLD: CASES AND COMMENTARIES **Pages:** 69-108 **Published:** 2012
Accession Number: WOS:000306181400005
ISBN: 978-1-136-66129-7

20. **Titulo:** Challenging and developing organisations
Autores: McAuliffe, D (McAuliffe, Donna); Aghabakhshi, H (Aghabakhshi, Habib); Yazdani, AA (Yazdani, Abbas Ali); Burke, B (Burke, Beverley); Peman, MJU (Uriz Peman, Maria Jesus); Healy, LM (Healy, Lynne M.); Fraaije, T (Fraaije, Truus); Aalbers, H (Aalbers, Han); Van Zilfhout, P (Van Zilfhout, Peter); Floyd, M (Floyd, Melissa); Skytte, M (Skytte, Marianne); Beckett, C (Beckett, Chris)
Editores: Banks S; Nohr K
Revista: PRACTISING SOCIAL WORK ETHICS AROUND THE WORLD CASES AND COMMENTARIES **Paginas:** 147-187 **Publicado:** 2012
Accession Number: WOS:000306181400007
ISBN: 978-1-136-66129-7

21. **Titulo:** Addressing Socio-Cultural Animation as Community Based Social Work with Street Children in Maputo, Mozambique
Autores: Ucar, X (Ucar, Xavier)
Revista: EUROPEAN JOURNAL OF SOCIAL WORK **Volumen:** 15 **Ejemplar:** 2 **Paginas:** 285-287
10.1080/13691457.2012.687168 **Publicado:** 2012
Accession Number: WOS:000305915600011
ISSN: 1369-1457

22. **Titulo:** Towards a model of externalisation and denationalisation of care? The role of female migrant care workers for dependent older people in Spain
Autores: Romero, BA (Agrela Romero, Belen)
Revista: EUROPEAN JOURNAL OF SOCIAL WORK **Volumen:** 15 **Ejemplar:** 1 **Special Ejemplar:** SI
Paginas: 45-61 **DOI:** 10.1080/13691457.2011.562009 **Publicado:** 2012
Accession Number: WOS:000305690800004
ISSN: 1369-1457

23. **Titulo:** Morphosyntactic development and educational style of parents in neglected children
Autores: Manso, JMM (Moreno Manso, Juan Manuel); Sanchez,
ME(Garcia-Baamonde Sanchez, Ma Elena); Alonso, MB (Blazquez Alonso, Macarena)
Revista: CHILDREN AND YOUTH SERVICES REVIEW **Volumen:** 34 **Ejemplar:** 1 **Paginas:** 311-315 DOI: 10.1016/j.childyouth.2011.10.028 **Publicado:** JAN 2012
Accession Number: WOS:000300334700040
ISSN: 0190-7409

24. **Titulo:** IMPACT, EFFECTIVENESS AND SUSTAINABILITY OF SOCIAL POLICIES AND LOCAL DEMOCRACY THRC SOCIAL INVOLVEMENT
Autores: Seller, EP (Pastor Seller, Enrique)
Revista: REVISTA DE CERCETARE SI INTERVENTIE SOCIALA **Volumen:** 35 **Paginas:** 7-27
Publicado: DEC 2011
Accession Number: WOS:000299303600001
ISSN: 1583-3410

25. **Titulo:** Leaving family care Transitions to adulthood from kinship care
Autores: del Valle, JF (del Valle, Jorge F.); Lazaro-Visa, S (Lazaro-Visa, Susana); Lopez, M (Lopez, Monica);
(Bravo, Amaia)
Revista: CHILDREN AND YOUTH SERVICES REVIEW **Volumen:** 33 **Paginas:** 12 **Special Issue:** SI **Pages:** 247 2481 **DOI:** 10.1016/j.childyouth.2011.08.015 **Publicado:** DEC 2011
Accession Number: WOS:000298122800010
ISSN: 0190-7409

26. **Titulo:** An analysis of how children adapt to residential care
Autores: Manso, JMM (Moreno Manso, Juan Manuel); Garcia-Baamonde, ME (Elena Garcia-Baamonde, M Alonso, MB (Blazquez Alonso, Macarena); Barona, EG (Guerrero Barona, Eloisa)
Revista: CHILDREN AND YOUTH SERVICES REVIEW **Volumen:** 33 **Ejemplar:** 10 **Paginas:** 1981-
1988 **DOI:** 10.1016/j.childyouth.2011.05.024 **Publicado:** OCT 2011
Accession Number: WOS:000295435600026
ISSN: 0190-7409

27. **Titulo:** Fulfilment of basic needs from a subjective point of view in rural Guatemala
Autores: Guardiola, J (Guardiola, Jorge); Garcia-Munoz, T (Garcia-Munoz, Teresa)
Revista: INTERNATIONAL JOURNAL OF SOCIAL WELFARE **Volumen:** 20 **Ejemplar:** 4 **Paginas:** 393-403
DOI: 10.1111/j.1468-2397.2010.00758.x **Publicado:** OCT 2011
Accession Number: WOS:000295013500007
ISSN: 1369-6866

28. **Titulo:** Maternal experiences of childhood abuse and intimate partner violence: Psychopathology and functional impairment in clinical children and adolescents
Autores): Miranda, JK (Miranda, Jenniffer K.); de la Osa, N (de la Osa, Nuria); Granero, R (Granero, Roser);

Ezpeleta, L (Ezpeleta, Lourdes)
Revista: CHILD ABUSE & NEGLECT **Volumen:** 35 **Ejemplar:** 9 **Paginas:** 700-711 **DOI:** 10.1016/j.chiabu.2011.05.008 **Publicado:** SEP 2011
Accession Number: WOS:000295946000005
ISSN: 0145-2134

29. **Titulo:** Emotion recognition in fathers and mothers at high-risk for child physical abuse
    Autores: Asla, N (Asla, Nagore); de Paul, J (de Paul, Joaquin); Perez-Albeniz, A (Perez-Albeniz, Alicia)
    Revista: CHILD ABUSE & NEGLECT **Volumen:** 35 **Ejemplar:** 9 **Paginas:** 712-721 **DOI:** 10.1016/j.chiabu.2011.05.010 **Publicado:** SEP 2011
    Accession Number: WOS:000295946000006
    ISSN: 0145-2134

30. **Titulo:** Needs Analysis for a Parental Guidance Program for Biological Family: Spain's Current Situation
    Autores: Balsells, A (Balsells, Angels); Amoros, P (Amoros, Pere); Fuentes-Pelaez, N (Fuentes-Pelaez, Nuria); Mateos, A (Mateos, Ainoa)
    Revista: REVISTA DE CERCETARE SI INTERVENTIE SOCIALA **Volumen:** 34 **Paginas:** 21-37 **Publicado:** SEP 2011
    Accession Number: WOS:000295766400002

    ISSN: 1583-3410

31. **Titulo:** Parental Education as Health Protection Factor in Vulnerable Childhood and Adolescence
    Autores: Molina, MC (Cruz Molina, Ma); Pastor, C (Pastor, Crescencia); Violant, V (Violant, Veronica)
    Revista: REVISTA DE CERCETARE SI INTERVENTIE SOCIALA **Volumen:** 34 **Paginas:** 38-55 **Publicado:** SE 2011
    Accession Number: WOS:000295766400003

    ISSN: 1583-3410

32. **Titulo:** Divergence in aggressors' and victims' perceptions of bullying: A decisive factor for differential psychosocial intervention
    Autores: Gordillo, IC (Cuadrado Gordillo, Isabel)
    Revista: CHILDREN AND YOUTH SERVICES REVIEW **Volumen:** 33 **Ejemplar:** 9 **Paginas:** 1608-1615 **DOI:** 10.1016/j.childyouth.2011.04.002 **Publicaciones:** SEP 2011
    Accession Number: WOS:000294147600018
    ISSN: 0190-7409

33. **Titulo:** COVARIATES OF SUBJECTIVE WELL-BEING AMONG LATIN AMERICAN IMMIGRANTS IN SPAIN: THE ROLE OF SOCIAL INTEGRATION IN THE COMMUNITY
    Autores: Herrero, J (Herrero, Juan); Fuente, A (Fuente, Asur); Gracia, E (Gracia, Enrique)
    Revista: JOURNAL OF COMMUNITY PSYCHOLOGY **Volumen:** 39 **Ejemplar:** 7 **Paginas:** 761-775 **DOI:** 10.1002/jcop.20468 **Publicado:** SEP 2011
    Accession Number: WOS:000294141900001
    ISSN: 0090-4392

34. **Titulo:** Differential effects of psychological maltreatment on children of mothers exposed to intimate partner violence

Authores: de la Vega, A (de la Vega, Ariadna); de la Osa, N (de la Osa, Nuria); Ezpeeta, L (Ezpeeta, Lourdes); Granero, R (Granero, Roser); Domenech, JM (Maria Domenech, Josep)
Revista: CHILD ABUSE & NEGLECT **Volumen:** 35 **Ejemplar:** 7 **Paginas:** 524-531 **DOI:** 10.1016/j.chiabu.2011.03.006 **Publicado:** JUL 2011
Accession Number: WOS:000295185100007
ISSN: 0145-2134

35. **Titulo:** Design of a language stimulation program for children suffering abuse
    Autores: Manso, JMM (Moreno Manso, Juan Manuel); Garcia-Baamonde, ME (Elena Garcia-Baamonde, M.); Alonso, MB (Blazquez Alonso, Macarena)
    Revista: CHILDREN AND YOUTH SERVICES REVIEW **Volumen:** 33 **Ejemplar:** 7 **Paginas:** 1325-1331 **DOI:** 10.1016/j.childyouth.2011.03.003 **Publicado:** JUL 2011
    Accession Number: WOS:000291511500034
    ISSN: 0190-7409

36. **Titulo:** Employment integration after therapeutic community treatment: a case study from Spain
    Autores: Lopez-Goni, JJ (Javier Lopez-Goni, Jose); Fernandez-Montalvo, J (Fernandez-Montalvo, Javier); Menendez, JC (Carlos Menendez, Juan); Yudego, F (Yudego, Fausto); Garcia, AR (Rico Garcia, Angel); Esarte,S (Esarte, Sonia)
    Revista: INTERNATIONAL JOURNAL OF SOCIAL WELFARE **Volumen:** 20 **Ejemplar:** 3 **Paginas:** 292-297 **DOI:** 10.1111/j.1468-2397.2009.00687.x **Publicado:** JUL 2011
    Accession Number: WOS:000291223000008
    ISSN: 1369-6866

37. **Titulo:** Tackling Neglect and Mental Health Reform in a Devolved System of Welfare Governance
    Autores: Costa-Font, J (Costa-Font, Joan); Salvador-Carulla, L (Salvador-Carulla, Luis); Cabases, JM (Cabases, Juan M.); Alonso, J (Alonso, Jordi); McDaid, D (McDaid, David)
    Revista: JOURNAL OF SOCIAL POLICY **Volumen:** 40 **Paginas:** 295-312
    DOI: 10.1017/S0047279410000553 **Part:** 2
    Publicado: APR 2011
    Accession Number: WOS:000287939700005

    ISSN: 0047-2794

38. **Titulo:** A Liberation Psychology Approach to Acculturative Integration of Migrant Populations
    Autores: Garcia-Ramirez, M (Garcia-Ramirez, Manuel); de la Mata, ML (de la Mata, Manuel L.); Paloma,V (Paloma, Virginia); Hernandez-Plaza, S (Hernandez-Plaza, Sonia)
    Revista: AMERICAN JOURNAL OF COMMUNITY PSYCHOLOGY **Volumen:** 47 **Ejemplar:** 1-2 **Paginas:** 86-97
    DOI: 10.1007/s10464-010-9372-3 **Publicado:** MAR 2011
    Accession Number: WOS:000285968000007
    ISSN: 0091-0562

39. **Titulo:** Improving the measurement of child welfare in the context of intra-household inequality
    Autores: Mangiavacchi, L (Mangiavacchi, Lucia); Piccoli, L (Piccoli, Luca)
    Revista: CHILDREN AND YOUTH SERVICES REVIEW **Volumen:** 33 **Ejemplar:** 2 **Paginas:** 226-232
    DOI: 10.1016/j.childyouth.2010.09.005 **Publicado:** FEB 2011
    Accession Number: WOS:000287225800003
    ISSN: 0190-7409

40. **Titulo:** RECWOWE Book Series: Work and Welfare in Europe
   Autores: Bouget, D (Bouget, Denis); Clasen, J (Clasen, Jochen); Guillen, A (Guillen, Ana); Palier, B (Palier,
   Editores: Graziano PR; Jacquot S; Palier B
   Revista: EU AND THE DOMESTIC POLITICS OF WELFARE STATE REFORMS: EUROPA, EUROPAE
   Serie: Work and Welfare in Europe **Paginas:** XVI-XVII **Publicado:** 2011
   Accession Number: WOS:000295037800002
   ISBN: 978-0-23030-762-9
   Book DOI: 10.1057/9780230307629

41. **Titulo:** Usages of 'Europe' in Welfare Policies in Greece, 1981-2010
   Autores: Sotiropoulos, DA (Sotiropoulos, Dimitri A.)
   Editores: Graziano PR; Jacquot S; Palier B
   Revista: EU AND THE DOMESTIC POLITICS OF WELFARE STATE REFORMS: EUROPA, EUROPAE **Serie:** Wo
   Accession Number: WOS:000295037800008
   ISBN: 978-0-23030-762-9
   Book DOI: 10.1057/9780230307629

42. **Titulo:** Presenting the Book
   Autores: FitzGerald, V (FitzGerald, Valpy); Heyer, J (Heyer, Judith); Thorp, R (Thorp, Rosemary)
   Editores: FitzGerald V; Heyer J; Thorp R
   Revista: OVERCOMING THE PERSISTENCE OF INEQUALITY AND POVERTY **Paginas:** 3-18 **Publicado:** 2011
   Accession Number: WOS:000292698800001
   ISBN: 978-0-23030-672-1
   Book DOI: 10.1057/9780230306721

43. **Titulo:** The social constructions of drug users in professional interventions
   Autores: Albertin, P (Albertin, Pilar); Cubells, J (Cubells, Jenny); Iniguez, L (Iniguez, Lupicinio)
   Revista: JOURNAL OF SOCIAL WORK PRACTICE **Volumen:** 25 **Ejemplar:** 2 **Paginas:** 217-232
   Article Number:
   DOI: 10.1080/02650533.2010.548859 **Publicado:** 2011
   Accession Number: WOS:000290679900007
   ISSN: 0265-0533

44. **Titulo:** Social work practice and contextual systemic intervention: improbability of communication
   between social work and sociology
   Autores: Ahmed-Mohamed, K (Ahmed-Mohamed, Karim)
   Revista: JOURNAL OF SOCIAL WORK PRACTICE **Volumen:** 25 **Ejemplar:** 1 **Paginas:** 5-15
   Article Number:
   DOI: 10.1080/02650530903549884 **Publicado:** 2011
   Accession Number: WOS:000287501400002
   ISSN: 0265-0533

45. **Titulo:** Latinos in the US and Spain: demographics, designations and political identities
   Autores: Martinez-Brawley, EE (Martinez-Brawley, Emilia E.); Gualda, E (Gualda, Estrella)

Revista: EUROPEAN JOURNAL OF SOCIAL WORK **Volumen:** 14 **Ejemplar:** 2 **Paginas:** 155-175
DOI: 10.1080/13691451003744366 **Publicado:** 2011
Accession Number: WOS:000299639200002

ISSN: 1369-1457

46. **Titulo:** Social work and risk society: the need for shared social responsibility
    Autores: de Ugarte, LS (Saenz de Ugarte, Loreto); Martin-Aranaga, I (Martin-Aranaga, Idoia)
    Revista: EUROPEAN JOURNAL OF SOCIAL WORK **Volumen:** 14 **Ejemplar:** 4 **Paginas:** 447-462
    DOI: 10.1080/13691457.2010.500478 **Publicado:** 2011
    Accession Number: WOS:000299639800002

47. **Titulo:** Psychological Abuse in Young Couples: Risk Factors
    Autores: Manso, JMM (Moreno Manso, Juan Manuel); Alonso, MB (Blazquez Alonso, Macarena);
    Sanchez, MEGB (Garcia-Baamonde Sanchez, Maria Elena); Barona, EG (Guerrero Barona, Eloisa)
    Revista: JOURNAL OF SOCIAL SERVICE RESEARCH **Volumen:** 37 **Ejemplar:** 5 **Paginas:** 555-570
    DOI: 10.1080/01488376.2011.608339 **Publicado:** 2011
    Accession Number: WOS:000300013900009
    ISSN: 0148-8376

48. **Titulo:** Cyberbullying: Labels, Behaviours and Definition in Three European Countries
    Autores: Nocentini, A (Nocentini, Annalaura); Calmaestra, J (Calmaestra, Juan); Schultze-Krumbholz,
    A (Schultze-Krumbholz, Anja); Scheithauer, H (Scheithauer, Herbert); Ortega, R (Ortega, Rosario);
    Menesini, E (Menesini, Ersilia)
    Revista: AUSTRALIAN JOURNAL OF GUIDANCE AND COUNSELLING **Volumen:** 20 **Ejemplar:** 2
    Paginas: 129-142 **DOI:** 10.1375/ajgc.20.2.129 **Publicado:** DEC 2010
    Accession Number: WOS:000286349200002
    ISSN: 1037-2911

49. **Titulo:** Stress, coping and personal strengths and difficulties in internationally adopted children in Spain
    Autores: Reinoso, M (Reinoso, M.); Forns, M (Forns, M.)
    Revista: CHILDREN AND YOUTH SERVICES REVIEW **Volumen:** 32 **Ejemplar:** 12 **Paginas:** 1807-1813
    DOI: 10.1016/j.childyouth.2010.08.001 **Publicado:** DEC 2010
    Accession Number: WOS:000283632900024
    ISSN: 0190-7409

50. **Titulo:** Identity and Trauma in Adolescents Within the Context of Political Violence: A Psychosocial
    and Communitarian View
    Autores: Perez-Sales, P (Perez-Sales, Pau)
    Revista: CLINICAL SOCIAL WORK JOURNAL **Volumen:** 38 **Ejemplar:** 4 **Paginas:** 408-417
    DOI: 10.1007/s10615-010-0262-9 **Publicado:** DEC 2010
    Accession Number: WOS:000284595100007
    ISSN: 0091-1674

51. **Titulo:** Do social inequalities exist in terms of the prevention, diagnosis, treatment, control and
    monitoring of diabetes? A systematic review
    Autores: Ricci-Cabello, I (Ricci-Cabello, I.); Ruiz-Perez, I (Ruiz-Perez, I.); Olry de Labry-Lima,
    A (Olry de Labry-Lima, A.);
    Marquez-Calderon, S (Marquez-Calderon, S.)
    Revista: HEALTH & SOCIAL CARE IN THE COMMUNITY **Volumen:** 18 **Ejemplar:** 6 **Paginas:** 572-587
    DOI: 10.1111/j.1365-2524.2010.00960.x **Publicado:** NOV 2010
    Accession Number: WOS:000282635600002

ISSN: 0966-0410

52. **Titulo:** PARTICIPATION IN EXTRACURRICULAR ACTIVITIES AND EMOTIONAL AND BEHAVIORAL ADJUSTMENTIN MIDDLE CHILDHOOD IN SPANISH BOYS AND GIRLS
    Autores: Molinuevo, B (Molinuevo, Beatriz); Bonillo, A (Bonillo, Albert); Pardo, Y (Pardo, Yolanda); E (Doval, Eduardo); Torrubia, R (Torrubia, Rafael)
    Revista: JOURNAL OF COMMUNITY PSYCHOLOGY **Volumen:** 38 **Ejemplar:** 7 **Paginas:** 842-857
    DOI: 10.1002/jcop.20399 **Publicado:** SEP 2010
    Accession Number: WOS:000280747800003
    ISSN: 0090-4392

53. **Titulo:** Coping with child sexual abuse among college students and post-traumatic stress disorder: The role of continuity of abuse and relationship with the perpetrator
    Autores: Canton-Cortes, D (Canton-Cortes, David); Canton, J (Canton, Jose)
    Revista: CHILD ABUSE & NEGLECT **Volumen:** 34 **Ejemplar:** 7 **Paginas:** 496-506
    DOI: 10.1016/j.chiabu.2009.11.004
    Publicado: JUL 2010
    Accession Number: WOS:000279039300005
    ISSN: 0145-2134

54. **Titulo:** Mental health needs of children exposed to intimate partner violence seeking help from mental health services
    Autores: Olaya, B (Olaya, Beatriz); Ezpeleta, L (Ezpeleta, Lourdes); de la Osa, N (de la Osa, Nuria); Granero, R (Granero, Roser); Domenech, JM (Maria Domenech, Josep)
    Revista: CHILDREN AND YOUTH SERVICES REVIEW **Volumen:** 32 **Ejemplar:** 7 **Paginas:** 1004-1011
    DOI: 10.1016/j.childyouth.2010.03.028 **Publicado:** JUL 2010
    Accession Number: WOS:000278664400010
    ISSN: 0190-7409

55. **Titulo:** Pragmatic language development and educational style in neglected children
    Autores: Manso, JMM (Moreno Manso, Juan Manuel); Garcia-Baamonde, ME (Elena Garcia-Baamonde, Ma);
    Alonso, MB (Blazquez Alonso, Macarena); Barona, EG (Guerrero Barona, Eloisa)
    Revista: CHILDREN AND YOUTH SERVICES REVIEW **Volumen:** 32 **Ejemplar:** 7 **Paginas:** 1028-1034
    DOI: 10.1016/j.childyouth.2010.04.008 **Publicado:** JUL 2010
    Accession Number: WOS:000278664400013
    ISSN: 0190-7409

56. **Titulo:** Munchausen Syndrome by Proxy: A Spanish proposal of therapeutic management
    Autores: Ojeda, FD (de la Cerda Ojeda, F.); Munoz-Cabello, B (Munoz-Cabello, B.); Lanzarote-Ferna MD (Lanzarote-Fernandez, M. D.); de Terreros, IG (Gomez de Terreros, I.)
    Revista: CHILDREN AND YOUTH SERVICES REVIEW **Volumen:** 32 **Ejemplar:** 6 **Paginas:** 884-888
    DOI: 10.1016/j.childyouth.2010.02.008 **Publicado:** JUN 2010
    Accession Number: WOS:000277488300014
    ISSN: 0190-7409

57. **Titulo:** Away From Home: Paradoxes of Parenting for Mexican Immigrant Adults
    Autores: Parsai, M (Parsai, Monica); Nieri, T (Nieri, Tanya); Villar, P (Villar, Paula)
    Revista: FAMILIES IN SOCIETY-THE JOURNAL OF CONTEMPORARY SOCIAL SERVICES **Volumen:** 91 **Ejemplar:** 2 **Paginas:** 201-208 **DOI:** 10.1606/1044-3894.3976 **Publicado:** APR-JUN 2010
    Accession Number: WOS:000277541700014
    ISSN: 1044-3894

58. **Titulo:** Physical and psychological aggression in dating relationships of Spanish adolescents: Motives and consequences
Autores: Fernandez-Fuertes, AA (Fernandez-Fuertes, Andres A.); Fuertes, A (Fuertes, Antonio)
Revista: CHILD ABUSE & NEGLECT **Volumen:** 34 **Ejemplar:** 3 **Paginas:** 183-191
DOI: 10.1016/j.chiabu.2010.01.002
Publicado: MAR 2010
Accession Number: WOS:000276629100007
ISSN: 0145-2134

59. **Titulo:** Contemporary Motherhood. The Impact of Children on Adult Time
Autores: Quesada, CV (Quesada, Cristina Villalba)
Revista: EUROPEAN JOURNAL OF SOCIAL WORK **Volumen:** 13 **Ejemplar:** 1 **Paginas:** 142-145
Publicado: 2010
Accession Number: WOS:000282924200015
ISSN: 1369-1457

60. **Titulo:** The social dimension of European cohesion policy in a 27-state Europe: an analysis of the European Social Fund
Autores: Viso, ML (Lopez Viso, Monica)
Revista: EUROPEAN JOURNAL OF SOCIAL WORK **Volumen:** 13 **Ejemplar:** 3 **Paginas:** 359-373
DOI: 10.1080/13691450903403909 **Publicado:** 2010
Accession Number: WOS:000282924700005
ISSN: 1369-1457

61. **Titulo:** PARENTS AND PEERS AS PROVIDERS OF SUPPORT IN ADOLESCENTS' SOCIAL NETWORK: A DEVELOPMENTA PERSPECTIVE
Autores: del Valle, JF (del Valle, Jorge F.); Bravo, A (Bravo, Amaia); Lopez, M (Lopez, Monica)
Revista: JOURNAL OF COMMUNITY PSYCHOLOGY **Volumen:** 38 **Ejemplar:** 1 **Paginas:** 16-27
DOI: 10.1002/jcop.20348
Publicado: JAN 2010
Accession Number: WOS:000273134000002
ISSN: 1369-145

62. **Titulo:** Good Intercultural Practices in Social Services Projects
Autores: Vazquez-Aguado, O (Vazquez-Aguado, Octavio); Fernandez-Santiago, M (Fernandez-Santiago, Miriam); Fernandez-Borrero, MA (Fernandez-Borrero, Manuela A.); Vaz-Garcia, P (Vaz-Garcia, Patricia)
Revista: JOURNAL OF SOCIAL SERVICE RESEARCH **Volumen:** 36 **Ejemplar:** 4 **Paginas:** 303-320
Article Number:
DOI: 10.1080/01488376.2010.493853 **Publicado:** 2010
Accession Number: WOS:000280531000004
ISSN: 0148-8376

63. **Titulo:** Spain
Autores: Alberola, CR (Rechea Alberola, Cristina); Gutierrez, RB (Bartolome Gutierrez, Raquel)
Editores: JungerTas J; Marshall IH; Enzmann D; Killias M; Steketee M; Gruszczynska B
Revista: JUVENILE DELINQUENCY IN EUROPE AND BEYOND: RESULTS OF THE SECOND INTERNATI 226 **DOI:** 10.1007/978-0-387-95982-5_15 **Publicado:** 2010
Accession Number: WOS:000273946600015

ISBN: 978-0-387-95981-8

64. Titulo: An Application of the Hospital-in-the-Home Unlearning Context
Autores: Cegarra-Navarro, JG (Cegarra-Navarro, Juan-Gabriel); Wensley,
AKP (Wensley, Anthony K. P.); Sanchez-Polo, MT (Sanchez-Polo, Maria-Teresa)
Revista: SOCIAL WORK IN HEALTH CARE **Volumen:** 49 **Ejemplar:** 10 **Paginas:** 895-918
Article Number:
DOI: 10.1080/00981389.2010.506410 **Publicado:** 2010
Accession Number: WOS:000284629100001
ISSN: 0098-1389

65. Titulo: Acculturation of Host Individuals: Immigrants and Personal Networks (vol 42, pg 309, 2008)
Autores: Dominguez, S (Dominguez, Silvia); Maya-Jariego, I (Maya-Jariego, Isidro)
Revista: AMERICAN JOURNAL OF COMMUNITY PSYCHOLOGY **Volumen:** 44 **Ejemplar:** 3-4
Paginas: 396-396
DOI: 10.1007/s10464-009-9259-3 **Publicado:** DEC 2009
Accession Number: WOS:000272350300019
ISSN: 0091-0562

66. Titulo: Analysis of factors involved in the social inclusion process of young people fostered in
residential care institutions
Autores: Roca, JS (Sala Roca, Josefina); Garcia, MJ (Jariot Garcia, Merce); Biarnes,
AV (Villalba Biarnes, Andreu);Rodriguez, M (Rodriguez, Montserrat)
Revista: CHILDREN AND YOUTH SERVICES REVIEW **Volumen:** 31 **Ejemplar:** 12 **Paginas:** 1251-1257
DOI: 10.1016/j.childyouth.2009.05.010 **Publicado:** DEC 2009
Accession Number: WOS:000272109400005
ISSN: 0190-7409

67. Titulo: COMMUNITY INVOLVEMENT AND VICTIMIZATION AT SCHOOL: AN ANALYSIS THROUGH FAM
PERSONAL AND SOCIAL ADJUSTMENT
Autores: Jimenez, TI (Isabel Jimenez, Teresa); Musitu, G (Musitu, Gonzalo); Ramos,
MJ (Jesus Ramos, Manuel); Murgui, S (Murgui, Sergio)
Revista: JOURNAL OF COMMUNITY PSYCHOLOGY **Volumen:** 37 **Ejemplar:** 8 **Paginas:** 959-974
DOI: 10.1002/jcop.20342 **Publicado:** NOV 2009
Accession Number: WOS:000271877800003
ISSN: 0090-4392

68. Titulo: Legal or illegal? Preferences on immigration
Autores: Solano-Garcia, A (Solano-Garcia, Angel)
Revista: INTERNATIONAL JOURNAL OF SOCIAL WELFARE **Volumen:** 18 **Ejemplar:** 4
Paginas: 395-406
DOI: 10.1111/j.1468-2397.2008.00617.x **Publicado:** OCT 2009
Accession Number: WOS:000269729300008
ISSN: 1369-6866

69. Titulo: Building International Collaborative Capacity: Contributions of Community Psychologists
to a European Network
Autores: Garcia-Ramirez, M (Garcia-Ramirez, Manuel); Paloma, V (Paloma, Virginia);
Suarez-Balcazar,Y (Suarez-Balcazar, Yolanda); Balcazar, F (Balcazar, Fabricio)

Revista: AMERICAN JOURNAL OF COMMUNITY PSYCHOLOGY **Volumen:** 44 **Ejemplar:** 1-2
Paginas: 116-122
DOI: 10.1007/s10464-009-9247-7 **Publicado:** SEP 2009
Accession Number: WOS:000268292800010
ISSN: 0091-0562

70. **Titulo:** Family context for emotional recovery in internationally adopted children
Autores: Palacios, J (Palacios, Jesus); Roman, M (Roman, Maite); Moreno, C (Moreno, Carmen); Leon, E (Leon, Esperanza)
Revista: INTERNATIONAL SOCIAL WORK **Volumen:** 52 **Ejemplar:** 5 **Paginas:** 609-+
DOI: 10.1177/0020872809337679
Publicado: SEP 2009
Accession Number: WOS:000269203300004
ISSN: 0020-8728

71. **Titulo:** Twenty years of foster care in Spain: Profiles, patterns and outcomes
Autores: del Valle, JF (del Valle, Jorge F.); Lopez, M (Lopez, Monica); Montserrat, C (Montserrat, Carme); Bravo, A (Bravo, Amaia)
Revista: CHILDREN AND YOUTH SERVICES REVIEW **Volumen:** 31 **Ejemplar:** 8 **Paginas:** 847-853
DOI: 10.1016/j.childyouth.2009.03.007 **Publicado:** AUG 2009
Accession Number: WOS:000267381900004
ISSN: 0190-7409

72. **Titulo:** THE IMPACT OF IMMIGRANTS ON THE SENSE OF COMMUNITY
Autores: Hombrados-Mendiero, I (Hombrados-Mendiero, Isobel); Gomez-Jacinto, L (Gomez-Jacinto, Luis); Dominguez-Fuenres, JM (Manuel Dominguez-Fuenres, Juan)
Revista: JOURNAL OF COMMUNITY PSYCHOLOGY **Volumen:** 37 **Ejemplar:** 6 **Paginas:** 671-683
DOI: 10.1002/jcop.20323 **Publicado:** AUG 2009
Accession Number: WOS:000268151500001
ISSN: 0090-4392

73. **Titulo:** ORGANIZATIONAL SOCIALIZATION OF VOLUNTEERS: THE EFFECT ON THEIR INTENTION TO REMAIN
Autores: Hidalgo, MC (Carmen Hidalgo, M.); Moreno, P (Moreno, Pilar)
Revista: JOURNAL OF COMMUNITY PSYCHOLOGY **Volumen:** 37 **Ejemplar:** 5 **Paginas:** 594-601
DOI: 10.1002/jcop.20317 **Publicado:** JUL 2009
Accession Number: WOS:000266889600004
ISSN: 0090-4392

74. **Titulo:** The international epidemiology of child sexual abuse: A continuation of Finkelhor (1994)
Autores: Pereda, N (Pereda, Noemi); Guilera, G (Guilera, Georgina); Forns, M (Forns, Maria); Gomez-Benito,J (Gomez-Benito, Juana)
Revista: CHILD ABUSE & NEGLECT **Volumen:** 33 **Ejemplar:** 6 **Paginas:** 331-342
DOI: 10.1016/j.chiabu.2008.07.007
Publicado: JUN 2009
Accession Number: WOS:000267118800006
Author Identifiers:
ISSN: 0145-2134

75. **Titulo:** Social adaptation and communicative competence in children in care
Autores: Manso, JMM (Moreno Manso, Juan Manuel); Alonso,
MEGBSYMB (Blazquez Alonso, Ma Elena Garcia-Baamonde Sanchez y Macarena)
Revista: CHILDREN AND YOUTH SERVICES REVIEW **Volumen:** 31 **Ejemplar:** 6 **Paginas:** 642-648
DOI: 10.1016/j.childyouth.2008.12.004 **Publicado:** JUN 2009
Accession Number: WOS:000266421400006
Author Identifiers:
ISSN: 0190-7409

76. **Titulo:** Adjustment of school-aged children and adolescents growing up in at-risk families:
Relationships between family variables and individual, relational and school adjustment
Autores: Jimenez, L (Jimenez, L.); Dekovic, M (Dekovic, M.); Hidalgo, V (Hidalgo, V.)
Revista: CHILDREN AND YOUTH SERVICES REVIEW **Volumen:** 31 **Ejemplar:** 6 **Paginas:** 654-661
DOI: 10.1016/j.childyouth.2008.12.007 **Publicado:** JUN 2009
Accession Number: WOS:000266421400008
ISSN: 0190-7409

77. **Titulo:** Intensive family preservation services in Flanders: an outcome study
Autores: Van Puyenbroeck, H (Van Puyenbroeck, Hubert); Loots, G (Loots, Gerrit); Grietens,
H (Grietens, Hans); Jacquet, W (Jacquet, Wolfgang); Vanderfaeillie, J (Vanderfaeillie, Johan);
Escudero, V (Escudero, Valentin)
Revista: CHILD & FAMILY SOCIAL WORK **Volumen:** 14 **Ejemplar:** 2 **Paginas:** 222-232
DOI: 10.1111/j.1365-2206.2009.00626.x **Publicado:** MAY 2009
Accession Number: WOS:000264822700009
ISSN: 1356-7500

78. **Titulo:** Portraying immigrants to the public: Mexican workers in the USA and African workers in Spa
Is there a role for social work?
Autores: Martinez-Brawley, EE (Martinez-Brawley, Emilia E.); Gualda, E (Gualda, Estrella)
Revista: INTERNATIONAL SOCIAL WORK **Volumen:** 52 **Ejemplar:** 3 **Paginas:** 299-+
DOI: 10.1177/0020872808102065 **Publicado:** MAY 2009
Accession Number: WOS:000265218300003
Author Identifiers:
ISSN: 0020-8728

79. **Titulo:** VERBAL MARITAL CONFLICT AND MALE DOMINATION IN THE FAMILY AS RISK FACTORS OF
INTIMATE PARTNER VIOLENCE
Autores: Vives-Cases, C (Vives-Cases, Carmen); Gil-Gonzalez, D (Gil-Gonzalez, Diana);
Carrasco-Portino,M (Carrasco-Portino, Mercedes)
Revista: TRAUMA VIOLENCE & ABUSE **Volumen:** 10 **Ejemplar:** 2 **Paginas:** 171-180
DOI: 10.1177/1524838008331193 **Publicado:** APR 2009
Accession Number: WOS:000265988400005
ISSN: 1524-8380

80. **Titulo:** Culturally Specific Youth Substance Abuse Resistance Skills: Applicability Across
the U. S.-Mexico Border
Autores: Marsiglia, FF (Marsiglia, Flavio F.); Kulis, S (Kulis, Stephen); Rodriguez,

GM (Rodriguez, Gregorio Martinez); Becerra, D (Becerra, David); Castillo, J (Castillo, Jason)
Revista: RESEARCH ON SOCIAL WORK PRACTICE **Volumen:** 19 **Ejemplar:** 2 **Paginas:** 152-164
DOI: 10.1177/1049731507303886 **Publicado:** MAR 2009
Accession Number: WOS:000263313100002
ISSN: 1049-7315

81. **Titulo:** The development of social work education in Spain
Autores: Gomez, FG (Gomez Gomez, Francisco); Buendia, FH (Herrador Buendia, Felix)
Revista: EUROPEAN JOURNAL OF SOCIAL WORK **Volumen:** 12 **Ejemplar:** 1 **Paginas:** 113-117
DOI: 10.1080/13691450902759905 **Publicado:** 2009
Accession Number: WOS:000282922200009
ISSN: 1369-1457

82. **Titulo:** INTERPERSONAL SKILLS: EFFECTS OF A TRAINING PROGRAM ON QUANTITATIVE AND QUALITATIVE RESPON
Autores: Belena, MA (Angeles Belena, Maria); Baguena, MJ (Jose Baguena, Maria); Toldos, MD (de la Paz Toldos, M
Editores: Renshaw A; Suarez E
Revista: VIOLENT CRIME AND PRISONS: POPULATION, HEALTH CONDITIONS AND RECIDIVISM **Book Series:** Crimina
Accession Number: WOS:000284305600004
ISBN: 978-1-60741-668-5

83. **Titulo:** Acculturation of Host Individuals: Immigrants and Personal Networks
Autores: Dominguez, S (Dominguez, Silvia); Maya-Jariego, I (Maya-Jariego, Isidro)
Revista: AMERICAN JOURNAL OF COMMUNITY PSYCHOLOGY **Volumen:** 42 **Ejemplar:** 3-4
Paginas: 309-327
DOI: 10.1007/s10464-008-9209-5 **Publicado:** DEC 2008
Accession Number: WOS:000260635000009
Author Identifiers:
ISSN: 0091-0562

84. **Titulo:** Beliefs in the necessity of corporal punishment of children and public perceptions of
child physical abuse as a social problem
Autores: Gracia, E (Gracia, Enrique); Herrero, J (Herrero, Juan)
Revista: CHILD ABUSE & NEGLECT **Volumen:** 32 **Ejemplar:** 11 **Paginas:** 1058-1062
DOI: 10.1016/j.chiabu.2008.05.004 **Publicado:** NOV 2008
Accession Number: WOS:000261755600006
ISSN: 0145-2134

85. **Titulo:** Empathy and child neglect: A theoretical model
Autores: De Paul, J (De Paul, Joaquin); Guibert, M (Guibert, Maria)
Revista: CHILD ABUSE & NEGLECT **Volumen:** 32 **Ejemplar:** 11 **Paginas:** 1063-1071
DOI: 10.1016/j.chiabu.2008.03.003 **Publicado:** NOV 2008
Accession Number: WOS:000261755600007
ISSN: 0145-2134

86. **Titulo:** Determining socio-demographic predictors of treatment dropout: results in a
therapeutic community
Autores: Lopez-Goni, JJ (Lopez-Goni, Jose J.); Fernandez-Montalvo, J (Fernandez-Montalvo, Javier);
Illescas,
C (Illescas, Cristina); Landa, N (Landa, Natalia); Lorea, I (Lorea, Inaki)

Revista: INTERNATIONAL JOURNAL OF SOCIAL WELFARE **Volumen:** 17 **Ejemplar:** 4
Paginas: 374-378
DOI: 10.1111/j.1468-2397.2008.00584.x **Publicado:** OCT 2008
Accession Number: WOS:000258782000011
ISSN: 1369-6866

87. **Titulo:** Old-age pensions in Spain: Recent reforms and some of their consequences for the risk of poverty
Autores: Sarasa, S (Sarasa, Sebastian)
Revista: SOCIAL POLICY & ADMINISTRATION **Volumen:** 42 **Ejemplar:** 2 **Paginas:** 197-210 **DOI:** 10.1111/j.1467-9515.2008.00603.x **Publicado:** APR 2008
Accession Number: WOS:000253639000007
ISSN: 0144-5596

88. **Titulo:** Adult self-sufficiency and social adjustment in care leavers from children's homes: a long-term assessment
Autores: del Valle, JF (del Valle, Jorge F.); Bravo, A (Bravo, Amaia); Alvarez, E (Alvarez, Elvira); Fernanz, A (Fernanz, Ana)
Revista: CHILD & FAMILY SOCIAL WORK **Volumen:** 13 **Ejemplar:** 1 **Paginas:** 12-22
DOI: 10.1111/j.1365
2206.2007.00510.x **Publicado:** FEB 2008
Accession Number: WOS:000252259600002
ISSN: 1356-7500

89. **Titulo:** The professionalization of Spanish social work: moving closer to Europe or away from its roots?
Autores: Martinez-Brawley, EE (Martinez-Brawley, Emilia E.); Aguado, OV (Vazquez Aguado, Octa
Revista: EUROPEAN JOURNAL OF SOCIAL WORK **Volumen:** 11 **Ejemplar:** 1 **Paginas:** 3-13 **DOI:** 10.1080/13691450701357257 **Publicado:** 2008
Accession Number: WOS:000207666200002
ISSN: 1369-1457

90. **Titulo:** Independent social work - a risky business? Some reflections from the independents' foru
Autores: Quesada, CV (Villalba Quesada, Cristina)
Revista: EUROPEAN JOURNAL OF SOCIAL WORK **Volumen:** 11 **Ejemplar:** 1
Paginas: 76-78 **Publicado:** 2008
Accession Number: WOS:000207666200008
ISSN: 1369-1457

91. **Titulo:** Face of research on European social development: community work, civil society and professionalization of social work
Autores: Quesada, CV (Villalba Quesada, Cristina)
Revista: EUROPEAN JOURNAL OF SOCIAL WORK **Volumen:** 11 **Ejemplar:** 2 **Paginas:** 182-184 **Publicado:** 2008
Accession Number: WOS:000207679800012
ISSN: 1369-1457

92. **Titulo:** The family as a source of support for adult children's own family projects: European varieties
Autores: Kohli, M (Kohli, Martin); Albertini, M (Albertini, Marco)

Editores: Saraceno C
Revista: FAMILIES, AGEING AND SOCIAL POLICY: INTERGENERATIONAL SOLIDARITY IN EUROPEAN WELFARE STATES **Book Series:** Globalization and Welfare **Paginas** 38-58 **Publicado:** 2008
Accession Number: WOS:000286873600004
ISBN: 978-1-84720-648-0

93. **Titulo:** Personal and household caregiving from adult children to parents and social stratification
Authores: Sarasa, S (Sarasa, Sebastian); Billingsley, S (Billingsley, Sunnee)
Editores: Saraceno C
Revista: FAMILIES, AGEING AND SOCIAL POLICY: INTERGENERATIONAL SOLIDARITY IN EUROPEAN WELFARE STATES **Book Series:** Globalization and Welfare **Paginas:** 123-146 **Publicado:** 2008
Accession Number: WOS:000286873600008
ISBN: 978-1-84720-648-0

94. **Titulo:** Intergenerational contact and support: the long-term effects of marital instability in Italy
Autores: Albertini, M (Albertini, Marco); Saraceno, C (Saraceno, Chiara)
Editores: Saraceno C
Revistas: FAMILIES, AGEING AND SOCIAL POLICY: INTERGENERATIONAL SOLIDARITY IN EUROPEAN WELFARE STATES **Book Series:** Globalization and Welfare **Paginas:** 194-216 **Publicado:** 2008
Accession Number: WOS:000286873600011
ISBN: 978-1-84720-648-0

95. **Titulo:** Using Efficiency Analysis to Measure Individual Well-being with an Illustration for Catalonia
Autores: Ramos, X (Ramos, Xavier)
Editores: Kakwani N; Silber J
Revista: QUANTITATIVE APPROACHES TO MULTIDIMENSIONAL POVERTY MEASUREMENT **Paginas:** 155-175 **Publicaciones:** 2008
Accession Number: WOS:000283651700010
Conference Title: International Conference on Many Dimensions of Poverty
Conference Date: AUG 29-31, 2005
Conference Location: Brasilia, BRAZIL
ISBN: 978-0-23058-235-4

96. **Title:** When children become parents: Welfare responses to teenage pregnancy
Author(s): Medina, MV (Medina, Mar Venegas)
Source: SOCIAL POLICY & ADMINISTRATION **Volume:** 41 **Issue:** 7 **Pages:** 791-793 **DOI:** 10.1111/j.1467-9515.2007.585_3.x **Published:** DEC 2007
Accession Number: WOS:000251206900008
ISSN: 0144-5596

97. **Titulo:** The EU integration process and the convergence of social protection benefits at national level
Autores: Alsasua, J (Alsasua, Jesus); Bilbao-Ubillos, J (Bilbao-Ubillos, Javier); Olaskoaga, J (Olaskoaga, Jon)
Revista: INTERNATIONAL JOURNAL OF SOCIAL

WELFARE **Volumen:** 16 **Issue:** 4 **Paginas:** 297-306 **DOI:** 10.1111/j.1468-
2397.2007.00483.x **Publicado:** OCT 2007
Accession Number: WOS:000249662200001
ISSN: 1369-6866

98. **Titulo:** The effect of immigration in the retirement age reforms: learning from a numerical
example
Autores: Lacomba, JA (Lacomba, Juan A.); Lagos, F (Lagos, Francisco)
Revista: INTERNATIONAL JOURNAL OF SOCIAL
WELFARE **Volumen:** 16 **Ejemplar:** 4 **Paginas:** 367-372 **DOI:** 10.1111/j.1468-
2397.2006.00481.x **Publicado:** OCT 2007
Accession Number: WOS:000249662200008
ISSN: 1369-6866

99. **Titulo:** Where do people go when they first become homeless? A survey of homeless adults
in the USA
Autores: O'Toole, TP (O'Toole, Thomas P.); Conde-Martel, A (Conde-Martel, Alicia); Gibbon,
JL (Gibbon, Jeanette L.); Hanusa, BH (Hanusa, Barbara H.); Freyder, PJ (Freyder, Paul J.); Fine,
MJ (Fine, Michael J.)
Revista: HEALTH & SOCIAL CARE IN THE
COMMUNITY **Volumen:** 15 **Ejemplar:** 5 **Paginas:** 446-453 **Publicado:** SEP 2007
Accession Number: WOS:000249243400006
ISSN: 0966-0410

100. **Titulo:** Prevalence and characteristics of child sexual abuse in Spanish university studies
Autores: Pereda, N (Pereda, Noemi); Forns, M (Forns, Maria)
Revista: CHILD ABUSE & NEGLECT **Volumen:** 31 **Ejemplar:** 4 **Paginas:** 417-
426 **DOI:** 10.1016/j.chiabu.2006.08.010 **Publicado:** APR 2007
Accession Number: WOS:000246875300007

Titulo: What determines exit from social assistance in Spain?
Autores: Ayala, L (Ayala, Luis); Rodriguez, M (Rodriguez, Magdalena)
Revista: INTERNATIONAL JOURNAL OF SOCIAL WELFARE **Volumen:** 16 **Ejemplar:** 2 **Paginas:** 168-
182 **DOI:** 10.1111/j.1468-2397.2006.00455.x **Publicado:** APR 2007
Accession Number: WOS:000245230500009
ISSN: 1369-6866

101. **Title:** What determines exit from social assistance in Spain?
Autores: Ayala, L (Ayala, Luis); Rodriguez, M (Rodriguez, Magdalena)
Revista: INTERNATIONAL JOURNAL OF SOCIAL WELFARE **Volumen:** 16 **Ejemplar:** 2 **Paginas:**
168-182 **DOI:** 10.1111/j.1468-2397.2006.00455.x **Publicado:** APR 2007
Accession Number: WOS:000245230500009
ISSN: 1369-6866

102. **Titulo:** Informal and formal supports and maternal child-rearing practices in at-risk and
non at-risk psychosocial contexts
Autores: Rodrigo, MJ (Jose Rodrigo, Maria); Martin, JC (Carlos Martin, Juan); Maiquez, ML
(Luisa Maiquez, Maria); Rodriguez, G (Rodriguez, Guacimara)
Revista: CHILDREN AND YOUTH SERVICES REVIEW **Volumen:** 29 **Ejemplar:** 3 **Paginas:** 329-
347 **DOI:** 10.1016/j.childyouth.2006.03.010 **Publicado:** MAR 2007
Accession Number: WOS:000244813000004
ISSN: 0190-7409

103. Titulo: Measuring perceived community support: Factorial structure, longitudinal invariance, and predictive validity of the PCSQ (Perceived Community Support Questionnaire)
Autores: Herrero, J (Herrero, Juan); Gracia, E (Gracia, Enrique)
Revista: JOURNAL OF COMMUNITY PSYCHOLOGY **Volumen:** 35 **Ejemplar:** 2 **Paginas:** 197-217 **DOI:** 10.1002/jcop.20143 **Publicado:** MAR 2007
Accession Number: WOS:000244427700005
ISSN: 0090-4392

104. Titulo: Foster placements. Why they succeed and why they fail
Autores): del Valle, JF (del Valle, Jorge F.)
Revista: CHILD & FAMILY SOCIAL WORK **Volumen:** 12 **Ejemplar:** 1 **Paginas:** 103-104 **DOI:** 10.1111/j.1365-2206.2007.00476.x **Publicado:** FEB 2007
Accession Number: WOS:000252204700012
ISSN: 1356-7500

105. Titulo: Social support interventions in migrant populations
Autores: Hernandez-Plaza, S (Hernandez-Plaza, Sonia); Alonso-Morillejo, E (Alonso-Morillejo, Enrique); Pozo-Munoz, C (Pozo-Munoz, Carmen)
Revista: BRITISH JOURNAL OF SOCIAL WORK **Volumen:** 36 **Ejemplar:** 7 **Paginas:** 1151-1169 **DOI:** 10.1093/bjsw/bch396 **Publicado:** OCT 2006
Accession Number: WOS:000241630300006
ISSN: 0045-3102

106. Titulo: Recent changes in adoption and fostering in Spain
Autores: Palacios, J (Palacios, Jesus); Amoros, P (Amoros, Pere)
Revista: BRITISH JOURNAL OF SOCIAL WORK **Volumen:** 36 **Ejemplar:** 6 **Paginas:** 921-935 **DOI:** 10.1093/bjsw/bch363 **Publicado:** SEP 2006
Accession Number: WOS:000240540500004
ISSN: 0045-3102

107. Titulo: Outcome evaluation of a community center-based program for mothers at high psychosocial risk
Autores: Rodrigo, MJ (Rodrigo, Maria Jose); Maiquez, ML (Maiquez, Maria Luisa); Correa, AD (Correa, Ana Delia); Martin, JC (Martin, Juan Carlos); Rodriguez, G (Rodriguez, Guacimara)
Revista: CHILD ABUSE & NEGLECT **Volumen:** 30 **Ejemplar:** 9 **Paginas:** 1049-1064 **DOI:** 10.1016/j.chiabu.2006.03.004 **Publicado:** SEP 2006
Accession Number: WOS:000241442700008
ISSN: 0145-2134

108. Titulo: Prevalence and vulnerability factors and protection of sexual victimisation in relations with the same in women in Spanish universities
Autores: Fuertes, A (Fuertes, Antonio); Ramos, M (Ramos, Maribel); Martinez, JL (Martinez, Jose Luis); Lopez, D (Lopez, David); Tabernero, C (Tabernero, Carmen)
Revista: CHILD ABUSE & NEGLECT **Volumen:** 30 **Ejemplar:** 7 **Paginas:** 799-814 **DOI:** 10.1016/j.chiabu.2006.06.002 **Publicado:** JUL 2006
Accession Number: WOS:000239544400006
ISSN: 0145-2134

109. Titulo: Poverty statics and dynamics: does the accounting period matter?
Autores: Canto, O (Canto, O); Gradin, C (Gradin, C); Del Rio, C (Del Rio, C)
Revista: INTERNATIONAL JOURNAL OF SOCIAL
WELFARE **Volumen:** 15 **Ejemplar:** 3 **Paginas:** 209-218 **DOI:** 10.1111/j.1468-
2397.2006.00414.x **Publicado:** JUL 2006
Accession Number: WOS:000238186000004
ISSN: 1369-6866

110. Titulo: Perceived neighborhood social disorder and residents' attitudes toward reporting
child physical abuse
Autores: Gracia, E (Gracia, E); Herrero, J (Herrero, J)
Revista: CHILD ABUSE & NEGLECT **Volumen:** 30 **Ejemplar:** 4 **Paginas:** 357-365
DOI: 10.1016/j.chiabu.2005.11.001 **Publicado:** APR 2006
Accession Number: WOS:000237208200004
Author Identifiers:
ISSN: 0145-2134

111. Titulo: Psychosocial empowerment and social support factors associated with the
employment status of immigrant welfare recipients
Autores: Garcia-Ramirez, M (Garcia-Ramirez, M); Martinez, MF (Martinez, MF); Balcazar,
FE (Balcazar, FE); Suarez-Balcazar, Y (Suarez-Balcazar, Y); Albar, MJ (Albar, MJ);
Dominguez, E (Dominguez, E); Santolaya, FJ (Santolaya, FJ)
Revista: JOURNAL OF COMMUNITY
PSYCHOLOGY **Volumen:** 33 **Ejemplar:** 6 **Paginas:** 673-
690 **DOI:** 10.1002/jcop.20072 **Publicado:** NOV 2005
Accession Number: WOS:000232572100004
ISSN: 0090-4392

112. Titulo: Role of stressful life events in homelessness: An intragroup analysis
Autores: Munoz, M (Munoz, M); Panadero, S (Panadero, S); Santos, EP (Santos, EP);
Quiroga, MA (Quiroga, MA)
Revista: AMERICAN JOURNAL OF COMMUNITY
PSYCHOLOGY **Volumen:** 35 **Ejemplar:** 1-2 **Paginas:** 35-47 **DOI:** 10.1007/s10464-005-
1888-6 **Publicado:** MAR 2005
Accession Number: WOS:000227429000005
Author Identifiers:
ISSN: 0091-0562

113. Titulo: Ill-treated children and adolescents: Detection and Intervention
Autores: Martin-Alvarez, L (Martin-Alvarez, L)
Revista: CHILD ABUSE & NEGLECT **Volumen:** 29 **Ejemplar:** 3 **Paginas:** 291-
292 **DOI:** 10.1016/j.chiabu.2005.02.001 **Publicado:** MAR 2005
Accession Number: WOS:000228500400012
ISSN: 0145-2134

114. Titulo: Childhood, disability, & violence. Empowering disability organisations to develop
prevention strategies.
Autores: Olivan-Gonzalvo, G (Olivan-Gonzalvo, G)
Revista: CHILD ABUSE & NEGLECT **Volumen:** 29 **Ejemplar:** 3 **Paginas:** 294-
294 **DOI:** 10.1016/j.chiabu.2005.02.003 **Publicado:** MAR 2005
Accession Number: WOS:000228500400015

ISSN: 0145-2134

115. Titulo: JUVENILE PENAL MEDIATION IN SPAIN: THE EXPERIENCE IN
CATALONIA
Autores: Barberan, JM (Barberan, Jaume Martin)
Editores: Mestitz A, Ghetti S
Revista: VICTIM-OFFENDER MEDIATION WITH YOUTH OFFENDERS IN EUROPE:
AN OVERVIEW AND COMPARISON OF 15 COUNTRIES **Paginas:** 347-
367 **Publicado:** 2005
Accession Number: WOS:000269053500016
ISBN: 978-1-4020-3879-2
Book DOI: 10.1007/1-4020-3879-8

116. Titulo: Improving child maltreatment detection systems: a large-scale case study involving health, social
services, and school professionals
Autores: Cerezo, MA (Cerezo, MA); Pons-Salvador, G (Pons-Salvador, G)
Revista: CHILD ABUSE & NEGLECT **Volumen:** 28 **Ejemplar:** 11 **Paginas:** 1153-
1169 **DOI:** 10.1016/j.chiabu.2004.06.007 **Published:** NOV 2004
Accession Number: WOS:000225634100003
Author Identifiers:
ISSN: 0145-2134

117. Titulo: Care needs among the dependent population in Spain: an empirical approach
Autores: Garces, J (Garces, J); Rodenas, F (Rodenas, F); Sanjose, V (Sanjose, V)
Revista: HEALTH & SOCIAL CARE IN THE
COMMUNITY **Volumen:** 12 **Ejemplar:** 6 **Paginas:** 466-474 **DOI:** 10.1111/j.1365-
2524.2004.00521.x **Publicado:** NOV 2004
Accession Number: WOS:000224469300002
ISSN: 0966-0410

118. Titulo: Predicting social integration in the community among college students
Autores: Herrero, J (Herrero, J); Gracia, E (Gracia, E)
Revista: JOURNAL OF COMMUNITY
PSYCHOLOGY **Volumen:** 32 **Ejemplar:** 6 **Paginas:** 707-
720 **DOI:** 10.1002/jcop.20028 **Publicado:** NOV 2004
Accession Number: WOS:000224625300005
ISSN: 0090-4392

119. Titulo: Interactions among 'other women': Creating personal and social meaning
Autores: Puigvert, L (Puigvert, L); Elboj, C (Elboj, C)
Revista: JOURNAL OF SOCIAL WORK
PRACTICE **Volumen:** 18 **Ejemplar:** 3 **Paginas:** 351-
364 **DOI:** 10.1080/0265053042000314429 **Publicado:** NOV 2004
Accession Number: WOS:000226002500006
ISSN: 0265-0533

120. Titulo: Gender differences in empathy in parents at high- and low-risk of child physical
abuse
Autores: Perez-Albeniz, A (Perez-Albeniz, A); de Paul, J (de Paul, J)
Revista: CHILD ABUSE & NEGLECT **Volumen:** 28 **Ejemplar:** 3 **Paginas:** 289-
300 **DOI:** 10.1016/j.chiabu.2003.11.017 **Publicado:** MAR 2004

Accession Number: WOS:000220779400004
ISSN: 0145-2134

121. **Titulo:** The OECD and the reformulation of Spanish social policy: a combined search for expansion and rationalisation
Autores: Alvarez, S (Alvarez, Santiago); Guillen, AM (Guillen, Ana M.)
Editores: Armingeon K; Beyeler M
Revista: OECD AND EUROPEAN WELFARE STATES **Book Series:** Globalization and Welfare **Paginas:** 183-196 **Publicado:** 2004
Accession Number: WOS:000286094800014
ISBN: 978-1-84376-321-5

122. **Titulo:** Organizational restructuring in European health systems: The role of primay care
Autores: Rico, A (Rico, A); Saltman, RB (Saltman, RB); Boerma, WGW (Boerma, WGW)
Revista: SOCIAL POLICY &
ADMINISTRATION **Volumen:** 37 **Ejemplar:** 6 **Paginas:** 592-608 **DOI:** 10.1111/1467-9515.00360 **Publicado:** DEC 2003
Accession Number: WOS:000186491800004
ISSN: 0144-5596

123. **Titulo:** Dispositional empathy in high- and low-risk parents for child physical abuse
Autores: Perez-Albeniz, A (Perez-Albeniz, A); de Paul, J (de Paul, J)
Revista: CHILD ABUSE & NEGLECT **Volumen:** 27 **Ejemplar:** 7 **Paginas:** 769-780 **DOI:** 10.1016/S0145-2134(03)00111-X **Publicado:** JUL 2003
Accession Number: WOS:000185028000005
ISSN: 0145-2134

124. **Titulo:** Evaluation of a treatment program for abusive and high-risk families in Spain
Autores: de Paul, J (de Paul, J); Arruabarrena, I (Arruabarrena, I)
Revista: CHILD WELFARE **Volumen:** 82 **Ejemplar:** 4 **Paginas:** 413-442 **Publicado:** JUL-AUG 2003
Accession Number: WOS:000183817300002

ISSN: 0009-4021

125. **Titulo:** Social isolation from communities and child maltreatment: a cross-cultural comparison
Autores: Gracia, E (Gracia, E); Musitu, G (Musitu, G)
Revista: CHILD ABUSE & NEGLECT **Volumen:** 27 **Ejemplar:** 2 **Paginas:** 153-168 **DOI:** 10.1016/S0145-2134(02)00538-0 **Publicado:** FEB 2003
Accession Number: WOS:000181130900004
ISSN: 0145-2134

126. **Titulo:** The implications of immigration for the training of social work professionals in Spain
Autores: Pacheco, ER (Pacheco, ER); Plaza, SH (Plaza, SH); Fernandez-Ramirez, B (Fernandez-Ramirez, B); Andres, PC (Andres, PC)
Revista: BRITISH JOURNAL OF SOCIAL
WORK **Volumen:** 33 **Ejemplar:** 1 **Paginas:** 49-65 **Publicado:** JAN 2003
Accession Number: WOS:000181174900004

ISSN: 0045-3102

127. Titulo: Catch-up growth assessment in long-term physically neglected and emotionally abused preschool age male children
Autores: Olivan, G (Olivan, G)
Revista: CHILD ABUSE & NEGLECT **Volumen:** 27 **Ejemplar:** 1 **Paginas:** 103-108 **Article Number:** **DOI:** 10.1016/S0145-2134(02)00513-6 **Publicado:** JAN 2003
Accession Number: WOS:000180419900007
ISSN: 0145-2134

128. Titulo: The distribution of public social expenditure in Spain: A general analysis with special reference to age and social class
Autores): Calero, J (Calero, J)
Revista: SOCIAL POLICY & ADMINISTRATION **Volumen:** 36 **Ejemplar:** 5 **Paginas:** 443-464 **DOI:** 10.1111/1467-9515.00296 **Publicado:** OCT 2002
Accession Number: WOS:000178378300001
ISSN: 0144-5596

129. Titulo: Ideology and community social psychology: Theoretical considerations and practical implications
Autores: Montenegro, M (Montenegro, M)
Revista: AMERICAN JOURNAL OF COMMUNITY PSYCHOLOGY **Volumen:** 30 **Ejemplar:** 4 **Paginas:** 511-527 **Article Number:** **DOI:** 10.1023/A:1015807918026 **Publicado:** AUG 2002
Accession Number: WOS:000176048300004
ISSN: 0091-0562

130. Titulo: Child maltreatment: Social representations of the general population and those working with children in Caribbean Colombia
Autores: Simarra, J (Simarra, J); de Paul, J (de Paul, J); San Juan, C (San Juan, C)
Revista: CHILD ABUSE & NEGLECT **Volumen:** 26 **Ejemplar:** 8 **Paginas:** 815-831 **Article Number:** **DOI:** 10.1016/S0145-2134(02)00355-1 **Publicado:** AUG 2002
Accession Number: WOS:000178150600008

ISSN: 0145-2134

131. Titulo: Abuse and deliberate self-poisoning in women: a matched case-control study
Autores: Coll, X (Coll, X); Law, F (Law, F); Tobias, A (Tobias, A); Hawton, K (Hawton, K); Tomas, J (Tomas, J)
Revista: CHILD ABUSE & NEGLECT **Volumen:** 25 **Ejemplar:** 10 **Paginas:** 1291-1302 **DOI:** 10.1016/S0145-2134(01)00276-9 **Publicado:** OCT 2001

Accession Number: WOS:000171490500002
ISSN: 0145-2134

132. Titulo: Evaluations, attributions, affect, and disciplinary choices in mothers at high and low

risk for child physical abuse
Autores: Montes, MP (Montes, MP); de Paul, J (de Paul, J); Milner, JS (Milner, JS)
Revista: CHILD ABUSE & NEGLECT **Volumen:** 25 **Ejemplar:** 8 **Paginas:** 1015-1036 **Publicado:** AUG 2001
Accession Number: WOS:000171142800003
ISSN: 0145-2134

133. Titulo: Behavior problems of a sample group of institutionalized children with abuse histories
Autores: Carrasco-Ortiz, MA (Carrasco-Ortiz, MA); Rodriguez-Testal, JF (Rodriguez-Testal, JF); Hesse, BM (Hesse, BM)
Revista: CHILD ABUSE & NEGLECT **Volumen:** 25 **Ejemplar:** 6 **Paginas:** 819-838 **DOI:** 10.1016/S0145-2134(01)00241-1 **Publicado:** JUN 2001
Accession Number: WOS:000170325900006
ISSN: 0145-2134

134. Titulo: Working models about mother-child relationships in abandoned children
Autores: Garcia-Torres, B (Garcia-Torres, B); Guerrero, PGC (Guerrero, PGC)
Revista: CHILD ABUSE &
NEGLECT **Volumen:** 24 **Ejemplo:** 9 **Paginas:** 1227-1239 **DOI:** 10.1016/S0145-2134(00)00170-8 **Publicado:** SEP 2000
Accession Number: WOS:000089225100010
ISSN: 0145-2134

135. Titulo: Analysis of the consequences of physical abandonment on the psychological development of preschool children in Spain
Autores: Osuna, MJP (Osuna, MJP); Cabrera, JH (Cabrera, JH); Morales, MCM (Morales, MCM)
Revista: CHILD ABUSE & NEGLECT **Volumen:** 24 **Ejemplar:** 7 **Paginas:** 911-924 **Publicado:** JUL 2000
Accession Number: WOS:000087428700004
ISSN: 0145-2134

136. Titulo: Role of Gardnerella vaginalis in the diagnosis of child sexual abuse
Autores: Fernandez, JP (Fernandez, JP); Espana, AR (Espana, AR); Reus, E (Reus, E)
Revista: CHILD ABUSE & NEGLECT **Volumen:** 24 **Ejemplar:** 6 **Paginas:** 861-866 **Publicado:** JUN 2000
Accession Number: WOS:000087059000010
ISSN: 0145-2134

137. Titulo: Childhood history of abuse and child abuse potential in adolescent mothers: A longitudinal study
Autores: de Paul, J (de Paul, J); Domenech, L (Domenech, L)
Revista: CHILD ABUSE & NEGLECT **Volumen:** 24 **Ejemplar:** 5 **Paginas:** 701-713 **DOI:** 10.1016/S0145-2134(00)00124-1 **Publicado:** MAY 2000
Accession Number: WOS:000086279100010
ISSN: 0145-2134

138. Titulo: Perceptions of stigma and user involvement in child welfare services
Autores: Scholte, EM (Scholte, EM); Colton, M (Colton, M); Casas, F (Casas, F); Drakeford, M (Drakeford, M); Roberts, S (Roberts, S); Williams, M (Williams, M)
Revista: BRITISH JOURNAL OF SOCIAL

WORK **Volumen:** 29 **Ejemplar:** 3 **Pagina:** 373-391 **Publicado:** JUN 1999
Accession Number: WOS:000081340400003
ISSN: 0045-3102

139. **Titulo:** Sequential analyses in coercive mother-child interaction: The predictability
hypothesis in abusive versus nonabusive dyads
Autores: Cerezo, MA (Cerezo, MA); D'Ocon, A (D'Ocon, A)
Revista: CHILD ABUSE & NEGLECT **Volumen:** 23 **Ejemplar:** 2 **Paginas:** 99-
113 **DOI:** 10.1016/S0145-2134(98)00115-X **Publicado:** FEB 1999
Accession Number: WOS:000078229300001
ISSN: 0145-2134

140. **Titulo:** Stressful life events among homeless people: Quantity types, timing, and perceived
causality
Autores: Munoz, M (Munoz, M); Vazquez, C (Vazquez, C); Bermejo, M (Bermejo, M);
Vazquez, JJ (Vazquez, JJ)
Revista: JOURNAL OF COMMUNITY
PSYCHOLOGY **Volumen:** 27 **Ejemplar:** 1 **Paginas:** 73-87 **DOI:** 10.1002/(SICI)1520-
6629(199901)27:1<73::AID-JCOP5>3.0.CO;2-# **Publicado:** JAN 1999
Accession Number: WOS:000077947800005
ISSN: 0090-4392

141. **Titulo:** Validation of a preliminary version of the child abuse potential inventory to be used
in Argentina
Autores: Bringiotti, MI (Bringiotti, MI); Barbich, A (Barbich, A); De Paul, J (De Paul, J)
Revista: CHILD ABUSE & NEGLECT **Volumen:** 22 **Ejemplar:** 9 **Paginas:** 881-
888 **DOI:** 10.1016/S0145-2134(98)00067-2 **Publicado:** SEP 1998
Accession Number: WOS:000075413000004
ISSN: 0145-2134

142. **Titulo:** Mother-child interactional patterns in high- and low-risk mothers
Autores(s): Dolz, L (Dolz, L); Cerezo, MA (Cerezo, MA); Milner, JS (Milner, JS)
Revista: CHILD ABUSE &
NEGLECT **Volumen:** 21 **Ejemplo:** 12 **Paginas:** 1149-
1158 **DOI:** 10.1016/S0145-2134(97)00090-2 **Publicado:** DEC 1997
Accession Number: WOS:A1997YH61500002
ISSN: 0145-2134

143. **Titulo:** Mother-child interactive patterns in abusive families versus nonabusive families:
An observational study
Autores: Cerezo, MA (Cerezo, MA); DOcon, A (DOcon, A); Dolz, L (Dolz, L)
Revista: CHILD ABUSE & NEGLECT **Volumen:** 20 **Ejemplar:** 7 **Paginas:** 573-
587 **DOI:** 10.1016/0145-2134(96)00045-2 **Publicado:** JUL 1996
Accession Number: WOS:A1996UT24300004
ISSN: 0145-2134

144. **Titulo:** Repeated ingestion of foreign bodies - Unusual form of Munchausen syndrome by
proxy
Autores: DeTerreros, IG (DeTerreros, IG); DeTerreros, MG (DeTerreros, MG); Santamaria,
MS (Santamaria, MS); Giron, AVJ (Giron, AVJ); Salas, MS (Salas, MS); Espadero, NS
(Espadero, NS); Barrio, AML (Barrio, AML); Aragon, JMM (Aragon, JMM)
Revista: CHILD ABUSE & NEGLECT **Volumen:** 20 **Ejemplar:** 7 **Paginas:** 613-

620 **DOI:** 10.1016/0145-2134(96)00048-8 **Publicado:** JUL 1996
Accession Number: WOS:A1996UT24300007
ISSN: 0145-2134

145. **Titulo:** The pediatrician, sexual abuse and anogenital warts in children
Autores: MartinezRoig, A (MartinezRoig, A); Sanchez, X (Sanchez, X)
Revista: CHILD ABUSE & NEGLECT **Volumen:** 20 **Ejemplar:** 1 **Paginas:** 55-62 **DOI:** 10.1016/0145-2134(95)00115-8 **Publicado:** JAN 1996
Accession Number: WOS:A1996TK15400006
ISSN: 0145-2134

146. **Titulo:** PREVALENCE AND CONSEQUENCES OF SEXUAL ABUSE IN CHILDREN IN SPAIN
Autores: LOPEZ, F (LOPEZ, F); CARPINTERO, E (CARPINTERO, E); HERNANDEZ, A (HERNANDEZ, A); MARTIN, MJ (MARTIN, MJ); FUERTES, A (FUERTES, A)

Revista: CHILD ABUSE & NEGLECT **Volumen:** 19 **Ejemplar:** 9 **Paginas:** 1039-1050 **DOI:** 10.1016/0145-2134(95)00066-H **Publicado:** SEP 1995
Accession Number: WOS:A1995RR08400003
ISSN: 0145-2134

147. **Titulo:** VISIBLE BUT UNREPORTED - A CASE FOR THE NOT SERIOUS ENOUGH CASES OF CHILD MALTREATMENT
Autores: GRACIA, E (GRACIA, E)
Revista: CHILD ABUSE & NEGLECT **Volumen:** 19 **Ejemplar:** 9 **Pagina:** 1083-1093 **DOI:** 10.1016/0145-2134(95)00070-O **Publicado:** SEP 1995
Accession Number: WOS:A1995RR08400007
ISSN: 0145-2134

148. **Titulo:** JUVENILE JUSTICE IN SPAIN - CATALONIA - AT THE VANGUARD IN SOCIO-EDUCATIVE INTERVENTION FOR YOUNG OFFENDERS
Autores: GUASCH, M (GUASCH, M)
Revista: BRITISH JOURNAL OF SOCIAL
WORK **Volumen:** 25 **Ejemplar:** 4 **Paginas:** 499-511 **Publicado:** AUG 1995
Accession Number: WOS:A1995RT25300007
ISSN: 0045-3102

149. **Titulo:** CHILDHOOD MALTREATMENT, CHILDHOOD SOCIAL SUPPORT, AND CHILD-ABUSE POTENTIAL IN A BASQUE SAMPLE
Autores: DEPAUL, J (DEPAUL, J); MILNER, JS (MILNER, JS); MUGICA, P (MUGICA, P)
Revista: CHILD ABUSE & NEGLECT **Volumen:** 19 **Ejemplar:** 8 **Paginas:** 907-920 **DOI:** 10.1016/0145-2134(95)00053-B **Publicado:** AUG 1995
Accession Number: WOS:A1995RL95800003
ISSN: 0145-2134

150. **Titulo:** UNEMPLOYMENT IN SPAIN
Autores: YRUELA, MP (YRUELA, MP); YANEZ, CJN (YANEZ, CJN)
Revista: SCANDINAVIAN JOURNAL OF SOCIAL
WELFARE **Volumen:** 4 **Ejemplar:** 3 **Paginas:** 162-173 **Publicado:** JUL 1995
Accession Number: WOS:A1995RH53800006

ISSN: 0907-2055

151. Titulo: BEHAVIOR PROBLEMS IN SCHOOL-AGED PHYSICALLY ABUSED AND NEGLECTED CHILDREN IN SPAIN
Autores: DEPAUL, J (DEPAUL, J); ARRUABARRENA, MI (ARRUABARRENA, MI)
Revista: CHILD ABUSE & NEGLECT **Volumen:** 19 **Ejemplo:** 4 **Paginas:** 409-418 **DOI:** 10.1016/0145-2134(95)00009-W **Publicado:** APR 1995
Accession Number: WOS:A1995QR60300003
ISSN: 0145-2134

152. Titulo: THE MALTREATMENT OF INTELLECTUALLY HANDICAPPED-CHILDREN AND ADOLESCENTS
Autores: VERDUGO, MA (VERDUGO, MA); BERMEJO, BG (BERMEJO, BG); FUERTES, J (FUERTES, J)
Revista: CHILD ABUSE & NEGLECT **Volumen:** 19 **Ejemplar:** 2 **Paginas:** 205-215 **DOI:** 10.1016/0145-2134(94)00117-D **Publicado:** FEB 1995
Accession Number: WOS:A1995QE86100007
ISSN: 0145-2134

153. Titulo: EMOTIONAL AND COGNITIVE ADJUSTMENT IN ABUSED-CHILDREN
Autores: CEREZO, MA (CEREZO, MA); FRIAS, D (FRIAS, D)
Revista: CHILD ABUSE & NEGLECT **Volumen:** 18 **Ejemplar:** 11 **Paginas:** 923-932 **Published:** NOV 1994
Accession Number: WOS:A1994PN74300003
ISSN: 0145-2134

154. Titulo: CONVERGENT VALIDITY OF THE PRELIMINARY SPANISH VERSION OF THE CHILD-ABUSE POTENTIAL INVENTORY - DEPRESSION AND MARITAL ADJUSTMENT
Autores: ARRUABARRENA, MI (ARRUABARRENA, MI); DEPAUL, J (DEPAUL, J)
Revista: CHILD ABUSE & NEGLECT **Volumen:** 16 **Ejemplar:** 1 **Paginas:** 119-126 **DOI:** 10.1016/0145-2134(92)90012-G **Publicado:** 1992
Accession Number: WOS:A1992HB67700010
ISSN: 0145-2134

155. Titulo: VALIDATION OF THE SPANISH-LANGUAGE VERSION OF THE CHILD-ABUSE POTENTIAL INVENTORY FOR USE IN SPAIN
Autores): DEPAUL, J (DEPAUL, J); ARRUABARRENA, I (ARRUABARRENA, I); MILNER, JS (MILNER, JS)
Revista: CHILD ABUSE & NEGLECT **Volumen:** 15 **Ejemplar:** 4 **Paginas:** 495-504 **DOI:** 10.1016/0145-2134(91)90033-A **Publicado:** 1991
Accession Number: WOS:A1991GD90900018
ISSN: 0145-2134

156. Titulo: 1ST NATIONAL CONGRESS IN SPAIN ON CHILD-ABUSE AND NEGLECT
Autores: ROIG, AM (ROIG, AM)
Revista: CHILD ABUSE & NEGLECT **Volumen:** 14 **Ejemplar:** 4 **Paginas:** 595-597 **DOI:** 10.1016/0145-2134(90)90108-6 **Publicado:** 1990
Accession Number: WOS:A1990EP53800012
ISSN: 0145-2134

157. Titulo: A BEHAVIORAL COMMUNITY PROGRAM FOR LITTER CONTROL
Autores: ROALESNIETO, JG (ROALESNIETO, JG)

Revistas: JOURNAL OF COMMUNITY
PSYCHOLOGY **Volumen:** 16 **Ejemplar:** 2 **Paginas:** 107-118 **DOI:** 10.1002/1520-
6629(198804)16:2<107::AID-JCOP2290160202>3.0.CO;2-T **Publicado:** APR 1988
Accession Number: WOS:A1988M986000001
ISSN: 0090-4392

158. Titulo: ROLE OF FAMILY IN REHABILITATION
Autores: SHELLHAS.LJ (SHELLHAS.LJ); SHELLHAS.FE (SHELLHAS.FE)
Revista: SOCIAL CASEWORK **Volumen:** 53 **Ejemplar:** 9 **Paginas:** 544-
550 **Publicado:** 1972
Accession Number: WOS:A1972N891900004
ISSN: 0037-7678

Completamos esta sección con un análisis de dicha producción científica española ISI en Trabajo Social, mostrando

- Autores españoles más productivos en publicaciones JCR en Trabajo Social.
- Número de publicaciones por Universidad.
- Revistas en las que se ha publicado.
- Número de publicaciones por año.

Autor	Numero de publicaciones JCR	Tanto por ciento de participación
DE PAUL J	10	6.410%
GRACIA E	8	5.128 %
MANSO JMM	7	4.487 %
ALONSO MB	6	3.846 %
CEREZO MA	5	
DEL VALLE JF	5	3.846 %
DEL VALLE JF	5	
HERRERO J	5	3.205 %
BRAVO A	4	
DEPAUL J	4	2.564 %
GARCIA-RAMIREZ M	4	2.564 %
MILNER JS	4	2.564 %
ARRUABARRENA I	3	1.923 %
BARONA EG	3	1.923 %
DE LA OSA N	3	1.923 %
FORNS M	3	1.923 %
FUERTES A	3	1.923 %
GARCIA-BAAMONDE ME	3	
GRANERO R	3	1.923 %
LOPEZ M	3	
MARTIN JC	3	1.923 %
MARTINEZ-BRAWLEY EE	3	1.923 %
PALACIOS J	3	1.923 %

PALOMA V	3	1.923 %
PEREZ-ALBENIZ A	3	1.923 %
QUESADA CV	3	1.923 %
SANCHEZ MEGB	3	1.923 %
SUAREZ-BALCAZAR Y	3	1.923 %
ABRINES N	2	1.282 %
ALBERTINI M	2	
AMOROS P	2	1.282 %
ARRUABARRENA MI	2	1.282 %
BALCAZAR FE	2	1.282 %
BARCONS N	2	1.282 %
BIARNES AV	2	1.282 %
BRUN C	2	1.282 %
BYRNE S	2	1.282 %
CASAS F	2	
DOLZ L	2	1.282 %
DOMENECH JM	2	1.282 %
DOMINGUEZ S	2	1.282 %
EZPELETA L	2	1.282 %
FERNANDEZ-BORRERO MA	2	1.282 %
FERNANDEZ-MONTALVO J	2	1.282 %
FERNANDEZ-SANTIAGO M	2	1.282 %
FUENTES-PELAEZ N	2	1.282 %
FUMADO V	2	1.282 %
GARCIA MJ	2	1.282 %
GOMEZ-JACINTO L	2	1.282 %
GUALDA E	2	1.282 %
GUARDIOLA J	2	1.282 %
HERNANDEZ-PLAZA S	2	1.282 %
HIDALGO MC	2	1.282 %
LOPEZ-GONI JJ	2	1.282 %
MAIQUEZ ML	2	1.282 %
MARRE D	2	1.282 %
MATEOS A	2	1.282 %
MAYA-JARIEGO I	2	1.282 %
MOLINA MC	2	1.282 %
MONTSERRAT C	2	
MUNOZ M	2	1.282 %
MUSITU G	2	1.282 %
PEMAN MJU	2	
PEREDA N	2	1.282 %
RODRIGUEZ G	2	1.282 %
RODRIGUEZ M	2	1.282 %
SARASA S	2	
SARTINI C	2	1.282 %
UCAR X	2	1.282 %
VAZQUEZ-AGUADO O	2	1.282 %

Tabla 3. Producción científica por autores españoles

Universidad	Número de publicaciones JCR en Trabajo Social
UNIV VALENCIA	15
UNIV AUTONOMA BARCELONA	15
UNIV OVIEDO	12
UNIV BARCELONA	11
UNIV BASQUE COUNTRY	11
UNIV SEVILLE	10
UNIV GRANADA	9
UNIV EXTREMADURA	7
UNIV GIRONA	6
UNIV MALAGA	6
UNIV COMPLUTENSE MADRID	5
UNIV HUELVA	5
UNIV LA LAGUNA	4
UNIV SALAMANCA	4
UNIV ALMERIA	3
UNIV CORDOBA	3
UNIV ILLINOIS	3
UNIV PABLO OLAVIDE	3
UNIV PUBL NAVARRA	3
HOSP ST JOAN DE DEU	2
UNIV CADIZ	2
UNIV CANTABRIA	2
UNIV EXTREMADURA SPAIN	2
UNIV MURCIA	2
UNIV SEVILLA	2
UNIV ZARAGOZA	2

Tabla 4. Producción científica por universidad española

Revista en ISI	Numero de artículos con al menos un autor Español	Tanto por ciento de intervención
CHILD ABUSE NEGLECT	42	26.923 %
CHILDREN AND YOUTH SERVICES REVIEW	25	15.823 %
JOURNAL OF COMMUNITY PSYCHOLOGY	13	8.228 %
EUROPEAN JOURNAL OF SOCIAL WORK	11	6.962 %
INTERNATIONAL JOURNAL OF SOCIAL WELFARE	8	5.063 %
AMERICAN JOURNAL OF COMMUNITY PSYCHOLOGY	7	4.430 %
BRITISH JOURNAL OF SOCIAL WORK	5	3.165 %
REVISTA DE CERCETARE SI INTERVENTIE SOCIALA	5	3.165 %
CHILD FAMILY SOCIAL WORK	4	2.532 %
HEALTH SOCIAL CARE IN THE COMMUNITY	4	2.532 %
SOCIAL POLICY ADMINISTRATION	4	2.532 %
INTERNATIONAL SOCIAL WORK	3	1.899 %
FAMILIES AGEING AND SOCIAL POLICY INTERGENERATIONAL SOLIDARITY IN EUROPE	3	1.899%

WELFARE STATES		
JOURNAL OF SOCIAL WORK PRACTICE	3	1.899 %
EU AND THE DOMESTIC POLITICS OF WELFARE STATE REFORMS EUROPA	2	1.266%
INTERNATIONAL SOCIAL WORK	2	1.266%
JOURNAL OF SOCIAL SERVICE RESEARCH	2	1.266 %
PRACTISING SOCIAL ETHICS AROUND THE WORLD CASES AND COMMENTARIES	2	1.266%
WORK AND WELFARE IN EUROPE	2	1.266%

Tabla 5. Producción científica por revistas JCR

Año de Publicación	Número de publicaciones	Tanto por ciento de publicación
2011	21	13.462 %
2012	21	13.462 %
2009	17	10.897 %
2010	16	10.256 %
2008	10	6.410 %
2007	9	5.769 %

1995	7	4.487 %
2003	6	3.846 %
2006	6	3.846 %
2004	5	3.205 %
2000	4	2.564 %
2005	4	2.564 %
1996	3	1.923 %
1999	3	1.923 %
2001	3	1.923 %
2002	3	1.923 %

Tabla 6. Producción científica española por año

4 Tesis Doctorales Españolas en Trabajo Social

En esta sección se muestran las Tesis Doctorales en Trabajo Social indexados en la base de datos Teseo en los últimos 5 años.por cada Tesis Doctoral nos quedamos con su información descriptiva como Título, Autor, Universidad, Departamento, Fecha de Lectura, Dirección, y los Descriptores.

A continuación presentamos las 47 tesis doctorales que se han defendido en España en el área de Trabajo Social en los últimos 5 años:

1. **Título:** PERSPECTIVA COMPARADA DE LAS POLÍTICAS DE INTEGRACIÓN SOCIAL PARA INMIGRANTES EN LAS CC.AA 2000-2005
   Autor: MARTINEZ DE LIZARRONDO ARTOLA, ANTIDIO
   Universidad: PÚBLICA DE NAVARRA
   Departamento: TRABAJO SOCIAL
   Fecha de Lectura: 30/05/2008
   Dirección:
   LAPARRA NAVARRO, Miguel   (Director)

2. **Título:**VIOLENCIA   VICTIMIZACIÓN   Y   CYBERBULLYING   EN   ADOLESCENTES ESCOLARIZADOS/AS: UNA PERSPECTIVA DESDE EL TRABAJO SOCIAL.
   Autor: VARELA GARAY, ROSA MARIA
   Universidad: PABLO DE OLAVIDE
   Departamento: TRABAJO SOCIAL Y SERVICIOS SOCIALES
   Fecha de Lectura: 03/07/2012
   Dirección:
   MUSITU OCHOA, GONZALO   (Director)
   PALMERO CANTERO, FRANCISCO   (Director)
   Cordero Ramos, Nuria   (Director)

3. **Título:** RIESGO,CONDUCTAS Y JÓVENES: EL USO DE DROGAS Y SU RELACIÓN CON LA INSEGURIDAD VIAL
   Autor: GARCÍA CASTILLA, FRANCISCO JAVIER
   Universidad: PONTIFICIA COMILLAS
   Departamento: SOCIOLOGIA Y TRABAJO SOCIAL
   Fecha de Lectura: 24/07/2012
   Dirección:
   MENESES FALCÓN, CARMEN   (Director)
   IZQUIERDO COLLADO, JUAN DE DIOS   (Codirector)

4. **Título:** INFLUENCIA DEL APOYO SOCIAL EN EL CONTROL METABÓLICO DE LA DIABETES MELLITUS TIPO 2
   Autor: alonso fachado, alfonso
   Universidad: SANTIAGO DE COMPOSTELA
   Departamento: PSIQUIATRIA, RADIOLOGIA Y SALUD PUBLICA
   Fecha de Lectura: 25/09/2009
   Dirección:
   Menéndez Villalva, Carlos   (Director)
   MONTES MARTINEZ, AGUSTIN   (Codirector)

5. **Título:** VARIABLES COGNITIVAS Y SOCIOCULTURALES QUE INTERVIENEN EN LA RELACIÓN CUIDADOR INFORMAL Y PERSONA MAYOR DEPENDIENTE
   Autor: CALERO PEREZ, RUTH MARIA
   Universidad: GRANADA
   Departamento: PSICOLOGIA EVOLUTIVA Y DE LA EDUCACION
   Fecha de Lectura: 16/04/2009
   Dirección:
   ROA VENEGAS, JOSE MARIA   (Director)
   HERRERA CLAVERO, FRANCISCO   (Codirector)

6. **Título:** EL DESARROLLO SOCIAL EN EL CENTRO DE TAMAULIPAS. ANÁLISIS REGIONAL DE LOS MUNICIPIOS DE VICTORIA Y SAN NICOLÁS TAMAULIPAS MÉXICO.
   Autor: Vázquez González, Silvia
   Universidad: PABLO DE OLAVIDE
   Departamento: TRABAJO SOCIAL Y SERVICIOS SOCIALES
   Fecha de Lectura: 29/09/2009
   Dirección:
   SARASOLA SANCHEZ SERRANO, JOSE LUIS   (Director)
   BARRERA ALGARÍN, EVARISTO   (Tutor/Ponente)

7. **Título:** LAS FAMILIAS DE LOS TRABAJADORES SOCIALES. UN ESTUDIO DE CASOS DESDE LAS APORTACIONES DE IVAN BOSZORMENYI-NAGY
   Autor: Fombuena Valero, Josefa
   Universidad: UNIVERSITAT DE VALÈNCIA (ESTUDI GENERAL)
   Departamento: I125 - INSTITUTO INTERUNIVERSITARIO DE DESARROLLO LOCAL
   Fecha de Lectura: 15/07/2011
   Dirección:
   ALIENA MIRALLES, RAFAEL   (Director)

8. **Título:** APOYO SOCIAL, CALIDAD DE VIDA Y BIENESTAR PERCIBIDO. DIFERENCIA ENTRE PERSONAS MAYORES INCLUIDAS Y EXCLUIDAS DEL INSTITUTO MEXICANO DEL SEGURO SOCIAL
   Autor: DURAN JIMENEZ, ISAEL

Universidad: OVIEDO
Departamento: PSICOLOGIA
Fecha de Lectura: 08/06/2009
Dirección:
FERNANDEZ DEL VALLE, JORGE CARLOS   (Director)

9. **Título:**   RESPUESTAS DE LOS COLECTIVOS INMIGRANTES EN CONTEXTOS DE ASENTAMIENTO OPRESIVOS DESDE LA PSICOLOGÍA DE LA LIBERACIÓN
   Autor: PALOMA CASTRO, VIRGINIA
   Universidad: SEVILLA
   Departamento: PSICOLOGIA SOCIAL
   Fecha de Lectura: 17/02/2012
   Dirección:
   García Ramirez, Manuel   (Director)
   CAMACHO, CARLOS   (Codirector)

10. **Título:** RETOS DE LA EDUCACION SOCIAL. APORTACIONES DE LA PEDAGOGIA SOCIAL A LA EDUCACION DE LAS INFANCIAS Y LAS ADOLENCENCIAS ACOGIDAS EN CENTROS RESIDENCIALES DE ACCION EDUCATIVA
    Autor: MOYANO MANGAS, SEGUNDO
    Universidad: BARCELONA
    Departamento: C- TEORIA E HISTORIA DE LA EDUCACION
    Fecha de Lectura: 09/11/2007
    Dirección:
    NÚÑEZ PÉREZ, VIOLETA   (Director)

11. **Título:** GÉNERO Y TERCERA EDAD EN CANARIAS
    Autor: RODRÍGUEZ ALEMÁN, ROSALÍA
    Universidad: PALMAS DE GRAN CANARIA
    Departamento: PSICOLOGIA Y SOCIOLOGIA
    Fecha de Lectura: 06/11/2009
    Dirección:
    CASTRO SÁNCHEZ, JOSE JUAN   (Director)
    JIMÉNEZ JAÉN, MARTA ESTHER   (Director)

12. **Título:**   INFANCIAS Y EDUCACIÓN SOCIAL: PRÁCTICAS SOCIOEDUCATIVAS EN CONTEXTOS RESIDENCIALES DE PROTECCIÓN EN GALICIA
    Autor: Cruz López, Laura
    Universidad: SANTIAGO DE COMPOSTELA
    Departamento: TEORIA DE LA EDUCACION, HISTORIA DE LA EDUCACION Y PEDAGOGIA SOCIAL

Fecha de Lectura: 26/02/2010
Dirección:
CARIDE GOMEZ, JOSE ANTONIO   (Director)
Panchón Iglesias, Carme   (Codirector)

13. **Título:** LA EVALUACIÓN DE PROGRAMAS SOCIALES: PROPUESTA DE UN MODELO INTEGRADOR
Autor: De la Rosa Gimeno, Pablo
Universidad: VALLADOLID
Departamento: SOCIOLOGÍA Y TRABAJO SOCIAL
Fecha de Lectura: 10/02/2011
Dirección:
DE LA RED VEGA, NATIVIDAD   (Director)

14. **Título:** SALUD MENTAL Y GÉNERO: CAUSAS Y CONSECUENCIAS DE LA DEPRESIÓN EN LAS MUJERES
Autor: MONTESÓ CURTO, MARÍA PILAR
Universidad: NACIONAL DE EDUCACIÓN A DISTANCIA
Departamento: SOCIOLOGÍA III (TENDENCIAS SOCIALES)
Fecha de Lectura: 15/06/2009
Dirección:
MARTÍNEZ QUINTANA, VIOLANTE   (Director)

15. **Título:** PROCESOS DE EXCLUSIÓN EN UN CONTEXTO DE CRISIS: LAS ESTRATEGIAS COMO FACTOR DE INTEGRACIÓN
Autor: MARTINEZ VIRTO, Lucía
Universidad: PÚBLICA DE NAVARRA
Departamento: TRABAJO SOCIAL
Fecha de Lectura: 08/02/2013
Dirección:
PEREZ ERANSUS, BEGOÑA   (Director)

16. **Título:** GÉNERO, MUJERES, TRABAJO SOCIAL Y SECCIÓN FEMENINA. HISTORIA DE UNA PROFESIÓN FEMINIZADA Y CON VOCACIÓN FEMINISTA
Autor: Morales Villena, Amalia
Universidad: GRANADA
Departamento: INSTITUTO DE ESTUDIOS DE LA MUJER
Fecha de Lectura: 14/05/2010
Dirección:
VIEITEZ CERDEÑO, MARIA SOLEDAD   (Director)

17. **Título:**EL SISTEMA DE SERVICIOS SOCIALES DESDE LO LOCAL 2003-2005: ESTRUCTURA, FUNCIONAMIENTO Y MODELOS TEÓRICOS. EL CASO DE LA COMARCA DE L¿HORTA SUD DE VALENCIA
Autor: JABBAZ CHURBA, MARCELA ISABEL
Universidad: UNIVERSITAT DE VALÈNCIA (ESTUDI GENERAL)
Departamento: C031 - FACULTAT DE CIÈNCIES SOCIALS
Fecha de Lectura: 20/07/2012
Dirección:
ARIÑO VILLARROYA, ANTONIO   (Director)
SIMO NOGUERA, CARLES   (Codirector)

18. **Título:** VIOLENCIA Y ACTITUD AUTORITARIA EN ADOLESCENTES DE LA REGIÓN DE MURCIA
Autor: CARRION MARIA, Maria Del Carmen
Universidad: MURCIA
Departamento: CIENCIAS SOCIOSANITARIAS
Fecha de Lectura: 21/06/2010
Dirección:
GASCON CANOVAS, JUAN JOSE   (Director)
Torres Cantero, Alberto Manuel   (Director)

19. **Título:** SOCIEDAD DEL RIESGO Y VIH/SIDA. MODERNIZACIÓN, RIESGO Y EPIDEMIA DE VIH/SIDA EN SUDÁFRICA
Autor: ESPINEL VALLEJO, MANUEL
Universidad: COMPLUTENSE DE MADRID
Departamento: SOCIOLOGIA I (CAMBIO SOCIAL)
Fecha de Lectura: 25/01/2008
Dirección:
RAMOS TORRE, RAMÓN   (Director)

20. **Título:** DEPENDENCIA INSTITUCIONAL EN UN HOGAR DE LA PROVINCIA DE ALICANTE: ESTUDIO CUALITATIVO SOBRE LA VEJEZ
Autor: ORS MONTENEGRO, ASUNCIÓN
Universidad: ALICANTE
Departamento: SOCIOLOGIA: SOCIEDAD Y CULTURA CONTEMPORANEA
Fecha de Lectura: 21/07/2008
Dirección:
ALGADO FERRER, MARIA TERESA   (Director)

21. **Título:** VIOLENCIA VICTIMIZACIÓN Y CYBERBULLYING EN ADOLESCENTES ESCOLARIZADOS/AS: UNA PERSPECTIVA DESDE EL TRABAJO SOCIAL.
Autor: VARELA GARAY, ROSA MARIA
Universidad: PABLO DE OLAVIDE
Departamento: TRABAJO SOCIAL Y SERVICIOS SOCIALES
Fecha de Lectura: 03/07/2012
Dirección:
MUSITU OCHOA, GONZALO   (Director)
PALMERO CANTERO, FRANCISCO   (Director)

Cordero Ramos, Nuria   (Director)

22. **Título:** LA SUPERVISIÓN EN LA INTERVENCIÓN SOCIAL. UN INSTRUMENTO PARA LA CALIDAD DE LOS SERVICIOS Y EL BIENESTAR DE LOS PROFESIONALES
Autor: PUIG CRUELLS, CARMINA
Universidad: ROVIRA I VIRGILI
Departamento: ANTROPOLOGIA, FILOSOFIA I TREBALL SOCIAL
Fecha de Lectura: 17/12/2009
Dirección:
COMELLES ESTEBAN, JOSEP MARIA   (Director)
HERNÁNDEZ ARISTU, JESÚS   (Codirector)

23. **Título:** LA DISCAPACIDAD INTELECTUAL EN EL ÁMBITO PENAL PENITENCIARIO.PROCESOS DE EXCLUSIÓN Y DE INTEGRACIÓN SOCIAL
Autor: RAMOS FEIJOO, CLARISA
Universidad: ALICANTE
Departamento: SOCIOLOGIA II
Fecha de Lectura: 28/01/2011
Dirección:
Mateo Pérez, Miguel Ángel   (Director)
CASADO PÉREZ, DEMETRIO   (Codirector)

24. **Título:** SEGREGACIÓN, INTERVENCIÓN URBANÍSTICA Y CAMBIO SOCIAL EN SEVILLA. LA GENTRIFICACIÓN DEL SECTOR SAN LUIS-ALAMEDA EN EL MARCO DEL PLANTEAMIENTO GENERAL DE 1987.
Autor: DÍAZ PARRA, RUBÉN IBÁN
Universidad: SEVILLA
Departamento: GEOGRAFIA HUMANA
Fecha de Lectura: 12/05/2011
Dirección:
FERNÁNDEZ SALINAS, VÍCTOR   (Director)

25. **Título:** LAS PERSONAS "SIN HOGAR" EN UNA GRAN METROPOLI: EL CASO DE MADRID
Autor: CONTRERAS MONTERO, BARBARA
Universidad: NACIONAL DE EDUCACIÓN A DISTANCIA
Departamento: SOCIOLOGÍA III (TENDENCIAS SOCIALES)
Fecha de Lectura: 16/01/2013
Dirección:
SÁNCHEZ MORALES, MARÍA ROSARIO   (Director)

26. **Título:** CIUDADANIA, INMIGRACION Y EXCLUSION SOCIAL
Autor: RODRIGUEZ RODRIGUEZ, ROSA MARIA
Universidad: NACIONAL DE EDUCACIÓN A DISTANCIA

Departamento: SOCIOLOGÍA III (TENDENCIAS SOCIALES)
Fecha de Lectura: 19/04/2010
Dirección:
TEZANOS TORTAJADA, JOSÉ FÉLIX   (Director)

27. **Título:** O TEMPO DAS DOENÇAS E AS DOENÇAS COM TEMPO
    Autor: DE CAMPOS MORAIS, TERESA SONIA PINTO
    Universidad: ROVIRA I VIRGILI
    Departamento: ANTROPOLOGIA, FILOSOFIA I TREBALL SOCIAL
    Fecha de Lectura: 15/10/2009
    Dirección:
    COMELLES ESTEBAN, JOSEP MARIA   (Director)
    CARAPINHEIRO, GRAÇA   (Codirector)

28. **Título:** LA INTERVENCIÓN EN MEDIO ABIERTO CON HOMBRES PENADOS POR
    VIOLENCIA CONTRA LA MUJER: UN ANÁLISIS PRE-POST DE LOS INDICADORES DE
    EFICACIA DEL PROGRAMA CONTEXTO
    Autor: CONCHELL DIRANZO, RAQUEL
    Universidad: UNIVERSITAT DE VALÈNCIA (ESTUDI GENERAL)
    Departamento: D306 - PSICOLOGÍA SOCIAL
    Fecha de Lectura: 05/03/2012
    Dirección:
    Lila Murillo, Mª Soledad   (Director)
    GRACIA FUSTER, ENRIQUE   (Codirector)

29. **Título:** PROCESOS DE INTEGRACIÓN Y EXCLUSIÓN SOCIAL JUVENIL EN LAS PERIFERÍAS
    DE BARCELONA Y MILÁN
    Autor: Cano Hila, Ana Belén
    Universidad: BARCELONA
    Departamento: C- TEORIA SOCIOLOGICA, FILOSOFIA DEL DERECHO Y METODOLOGIA
    DE LAS CIENCIAS SOCIALES
    Fecha de Lectura: 11/11/2011
    Dirección:
    GARCÍA, M.SOLEDAD   (Director)

30. **Título:** PERSPECTIVA COMPARADA DE LAS POLÍTICAS DE INTEGRACIÓN SOCIAL PARA
    INMIGRANTES EN LAS CC.AA 2000-2005
    Autor: MARTINEZ DE LIZARRONDO ARTOLA, ANTIDIO
    Universidad: PÚBLICA DE NAVARRA
    Departamento: TRABAJO SOCIAL
    Fecha de Lectura: 30/05/2008
    Dirección:
    LAPARRA NAVARRO, Miguel   (Director)

31. **Título:** LA MOTIVACIÓN FILANTRÓPICO-ALTRUISTA EN LA PRÁCTICA ACTUAL DEL TRABAJO SOCIAL
Autor: villegas castrillo, esther
Universidad: ALICANTE
Departamento: SOCIOLOGIA II
Fecha de Lectura: 27/06/2009
Dirección:
MARTINEZ ROMAN, MARIA ASUNCION   (Director)
Mateo Pérez, Miguel Ángel   (Director)

32. **Título:** VIOLENCIA VICTIMIZACIÓN Y CYBERBULLYING EN ADOLESCENTES ESCOLARIZADOS/AS: UNA PERSPECTIVA DESDE EL TRABAJO SOCIAL.
Autor: VARELA GARAY, ROSA MARIA
Universidad: PABLO DE OLAVIDE
Departamento: TRABAJO SOCIAL Y SERVICIOS SOCIALES
Fecha de Lectura: 03/07/2012
Dirección:
MUSITU OCHOA, GONZALO   (Director)
PALMERO CANTERO, FRANCISCO   (Director)
Cordero Ramos, Nuria   (Director)

33. **Título:** LAS FAMILIAS DE LOS TRABAJADORES SOCIALES. UN ESTUDIO DE CASOS DESDE LAS APORTACIONES DE IVAN BOSZORMENYI-NAGY
Autor: Fombuena Valero, Josefa
Universidad: UNIVERSITAT DE VALÈNCIA (ESTUDI GENERAL)
Departamento: I125 - INSTITUTO INTERUNIVERSITARIO DE DESARROLLO LOCAL
Fecha de Lectura: 15/07/2011
Dirección:
ALIENA MIRALLES, RAFAEL   (Director)

34. **Título:** HOMBRES. LA MASCULINIDAD COMO FACTOR DE RIESGO: UNA ETNOGRAFÍA DE LA INVISIBILIDAD.
Autor: Blanco Lopez, Juan
Universidad: PABLO DE OLAVIDE
Departamento: TRABAJO SOCIAL Y SERVICIOS SOCIALES
Fecha de Lectura: 14/12/2012
Dirección:
CORDERO MARTÍN, GUADALUPE   (Director)
VALCUENDE DEL RÍO, JOSÉ MARÍA   (Codirector)

35. **Título:** DEFINICIÓN DEL CONTEXTO DE INTERVENCIÓN EN EL TRABAJO SOCIAL DE CASOS
Autor: Cardona Cardona, Josefa
Universidad: ILLES BALEARS
Departamento: PSICOLOGIA
Fecha de Lectura: 11/10/2012
Dirección:
Campanini, Annamaria   (Director)
GILI PLANAS, MARGARITA   (Director)

36. **Título:** ESTADOS DE BIENESTAR Y SERVICIOS SOCIALES: LAS UNIDADES DE ESTANCIA DIURNA EN SEVILLA
Autor: GALLARDO FERNÁNDEZ, MARÍA DEL CASTILLO
Universidad: PABLO DE OLAVIDE
Departamento: TRABAJO SOCIAL Y SERVICIOS SOCIALES
Fecha de Lectura: 25/06/2008
Dirección:
MALAGÓN BERNAL, JOSÉ LUIS   (Director)

37. **Título:** FUNDACIONES TUTELARES Y PERSONAS MAYORES. VALOR ESTRATÉGICO DEL SERVICIO PRETUTELAR
Autor: RUEDA ESTRADA, JOSE DANIEL
Universidad: VALLADOLID
Departamento: SOCIOLOGÍA Y TRABAJO SOCIAL
Fecha de Lectura: 08/02/2010
Dirección:
DE LA RED VEGA, NATIVIDAD   (Director)

38. **Título:** INTERVENCIÓN, BARRIO Y SERVICIOS SOCIALES COMUNITARIOS
Autor: Jaraíz Arroyo, Germán
Universidad: PABLO DE OLAVIDE
Departamento: TRABAJO SOCIAL Y SERVICIOS SOCIALES
Fecha de Lectura: 21/06/2011
Dirección:
RUIZ BALLESTEROS, ESTEBAN   (Codirector)
CORDERO MARTÍN, GUADALUPE   (Codirector)

39. **Título:** ESTAT, MERCAT, TERCER SECTOR. L'EVOLUCIÓ DE LA INICIATIVA SOCIAL EN L'ATENCIÓ A PERSONES AMB DISCAPICITAT INTEL•LECTUAL
Autor: TORRENS BONET, RAMONA
Universidad: ROVIRA I VIRGILI
Departamento: ANTROPOLOGIA, FILOSOFIA I TREBALL SOCIAL
Fecha de Lectura: 14/12/2009
Dirección:
PUJADAS MUÑOZ, JOAN JOSEP   (Director)

40. **Título:** INFANCIAS Y EDUCACIÓN SOCIAL: PRÁCTICAS SOCIOEDUCATIVAS EN CONTEXTOS RESIDENCIALES DE PROTECCIÓN EN GALICIA
Autor: Cruz López, Laura
Universidad: SANTIAGO DE COMPOSTELA
Departamento: TEORIA DE LA EDUCACION, HISTORIA DE LA EDUCACION Y PEDAGOGIA SOCIAL
Fecha de Lectura: 26/02/2010
Dirección:
CARIDE GOMEZ, JOSE ANTONIO   (Director)
Panchón Iglesias, Carme   (Codirector)

41. **Título:** TERCER SECTOR SOCIAL Y ADMINISTRACIONES PÚBLICAS: PERSPECTIVAS TEÓRICAS Y ANÁLISIS DE SUS RELACIONES EN CASTILLA Y LEÓN
    Autor: Prieto Lobato, Juan Mª
    Universidad: VALLADOLID
    Departamento: SOCIOLOGÍA Y TRABAJO SOCIAL
    Fecha de Lectura: 21/01/2011
    Dirección:
    Izquieta Etulain, José Luis (Director)

42. **Título:** LA EVALUACIÓN DE PROGRAMAS SOCIALES: PROPUESTA DE UN MODELO INTEGRADOR
    Autor: De la Rosa Gimeno, Pablo
    Universidad: VALLADOLID
    Departamento: SOCIOLOGÍA Y TRABAJO SOCIAL
    Fecha de Lectura: 10/02/2011
    Dirección:
    DE LA RED VEGA, NATIVIDAD (Director)

43. **Título:** ANÁLISIS DESCRIPTIVO DEL VOLUNTARIADO CON PERSONAS MAYORES EN LA PROVINCIA DE GRANADA
    Autor: Ballesteros Alarcon, Vicente Marcial
    Universidad: GRANADA
    Departamento: ANTROPOLOGIA Y TRABAJO SOCIAL
    Fecha de Lectura: 01/06/2010
    Dirección:
    RAYA LOZANO, ENRIQUE EDUARDO (Director)
    Guzmán Pérez, María (Codirector)

44. **Título:** SUJETOS EN LA INTERVENCIÓN SOCIAL
    Autor: González Portillo, Auxiliadora
    Universidad: PABLO DE OLAVIDE
    Departamento: TRABAJO SOCIAL Y SERVICIOS SOCIALES
    Fecha de Lectura: 13/12/2012
    Dirección:
    CORDERO MARTÍN, GUADALUPE (Codirector)
    RUIZ BALLESTEROS, ESTEBAN (Codirector)

45. **Título:** PROCESOS DE EXCLUSIÓN EN UN CONTEXTO DE CRISIS: LAS ESTRATEGIAS COMO FACTOR DE INTEGRACIÓN
    Autor: MARTINEZ VIRTO, Lucía
    Universidad: PÚBLICA DE NAVARRA
    Departamento: TRABAJO SOCIAL
    Fecha de Lectura: 08/02/2013
    Dirección:
    PEREZ ERANSUS, BEGOÑA (Director)

46. **Título:** GÉNERO, MUJERES, TRABAJO SOCIAL Y SECCIÓN FEMENINA. HISTORIA DE UNA PROFESIÓN FEMINIZADA Y CON VOCACIÓN FEMINISTA
Autor: Morales Villena, Amalia
Universidad: GRANADA
Departamento: INSTITUTO DE ESTUDIOS DE LA MUJER
Fecha de Lectura: 14/05/2010
Dirección:
VIEITEZ CERDEÑO, MARIA SOLEDAD   (Director)

47. **Título:** El procedimiento arbitral de consumo como mecanismo efectivo en la solución de conflictos entre consumidores y empresarios, en México y España.
Autor: Jose Guadalupe Steele Garza
Universidad: Murcia
Fecha de Lectura: 17/12/2012
Dirección:
PASTOR SELLER, ENRIQUE (Director)

A continuación completamos la presentación de las tesis doctorales de Trabajo Social defendidas en España en los últimos 5 años mostrando las universidades donde se han defendido y el número de tesis defendido cada año.

Universidad	Número de Tesis Doctorales en los últimos 5 años
Pablo de Olavide	8
Granada	4
Pública de Navarra	4
Universitat de Valencia	4
Alicante	3
Santiago de Compostela	3
Rovira i Virgili	3
Valladolid	3
Barcelona	2
Sevilla	2
Uned	2
Murcia	2
Complutense de Madrid	1
Illes Balears	1
Oviedo	1
Pontifica de Comillas	1

Tabla 5. Tesis presentadas en cada universidad

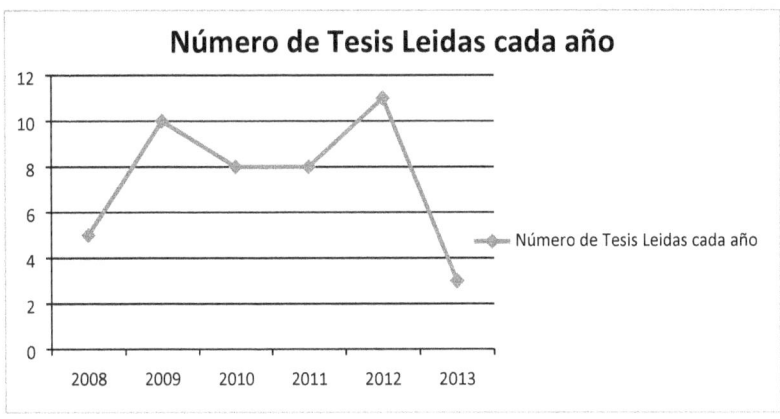

Figura 2. Tesis doctorales en Trabajo Social defendidas por año

3 Conclusiones

Después de presentar este análisis cuantitativo de la investigación académica en Trabajo Social desarrollada en Espeña merece la pena resaltar las siguientes conclusiones:

1. Existe un buen número de revistas nacionales en Trabajo Social, algunas indexadas en bases de datos bibliográficas buenas como Latindex (Trabajo Social Global, Agathos, Comunitaria, Cuadernos de Trabajo Social, Portularia, Revista de Servicios Sociales y Trabajo Social, Humanismo y Trabajo Social, Alternativas. Cuadernos de Trabajo Social), pero no en la base de datos bibliográfica más importante, el Journal Citation Report. Esto nos lleva a pensar que la comunidad científica y académica en España usa mucho estas revistas para difundir sus investigaciones y resultados, pero intuimos que no tanto las internacionales indexadas en el JCR.

2. En el Web of Science, que es la base de datos que contiene todas las publicaciones de las revistas indexadas en el JCR, la comunidad científica española en Trabajo Social ha publicado 158 trabajos. Éste es un número escaso de publicaciones que corrobora nuestro anterior comentario sobre las preferencias de la comunidad española a la hora de elegir sus revistas de difusión de la investigación.

3. Igualmente son pocos los autores españoles que han publicado en revistas internacionales de la categoría "Social Work", concretamente 67.

4. Las universidades de Valencia (15), Autónoma de Barcelona (13), Barcelona (11) y del País Vasco (11) son las que concentran el mayor número de publicaciones en revistas JCR.

5. La revista internacional que acoje más publicaciones es *Child Abuse Neglect* con 42 muy distanciada de *Children and Youth Services Review* que esta en segunda posición y las revistas con menos participación española son *Journal of Social Work Practice* y *Journal of Social Service Research*.

6. Los años con mayores publicaciones en revistas internacionales registradas en ISI son los más cercanos a 2013 produciendose un aumento entre los años 2011 y 2012 con respecto 2009.

7. En cuanto a las tesis defendidas en los últimos 5 años, nos aparecen 47 tesis en la base de datos Teseo, lo cual es un número bien bajo, lo que viene a decirnos que Trabajo Social en España está todavía por desarrollarse en el ámbito del postgrado. La Universidad Pablo de Olavide ha sido la más activa con 8 tesis, siguiéndole las Universidades de Granada, Publica de Navarra y la de Valencia con 4 tesis presentadas cada una.

Bibliografía

1. International Federation of Social Workers. Definition of Social Work (http://ifsw.org/policies/definition-of-social-work/). Retrieved 20-01-2013.

2. International Associations of Schools of Social Work, http://www.iassw-aiets.org/

3. L. Beddoe. Investing in the future: Social workers talk about research. *British Journal of Social Work*, 41 (2011) 557-575.

4. R. M. Grinnell and Yvonne A. U. *Social Work Research and Evaluation: Foundations of Evidence-Based Practice of Evidence-Based Practice*. Oxford UniversityPress, 2008.

5. B.A. Thyer. A note from the editor: A comprehensive listing of social work journals. *Research on Social Work Practice*, 15(4):310{311, 2005.

6. Journal Citation Reports. http://thomsonreuters.com/journal-citation-reports/

7. E. Garfield. Citation analysis as a tool in journal evaluation. *Science, 178* (60)(1972) 417-479.

www.ingramcontent.com/pod-product-compliance
Lightning Source LLC
Chambersburg PA
CBHW070337290526
45791CB00003B/1371